鬼滅の刃から学べ！

チームを幸せに導くリーダーのあり方

公認会計士／税理士
矢﨑 誠一
Yazaki Seiichi

社会保険労務士
高橋 謙一
Takahashi Kenichi

中小企業診断士／行政書士
盛澤 陽一郎
Morisawa Yoichiro

ロギカ書房

はじめに

「良いリーダーでありたい」
「将来リーダーを目指したい」
「リーダーに指名された」

お手に取ってくださった理由は様々と思いますが、本書は、既にリーダーとして活躍されている方、志あってリーダーを目指される方、指名されたから頑張りたいという方を応援するための一冊です。「リーダーシップを学び、カリスマリーダーとなるための教科書」として、ぜひご活用ください。

この本の最大の特徴は、大ヒット作品『鬼滅の刃』(吾峠呼世晴　集英社)の登場人物の生き様を、読者自身の在り方やビジネスに応用する、具体的な方法を解説していることです。

『鬼滅の刃』が大好き
煉獄杏寿郎《れんごくきょうじゅろう》のような後輩想いのリーダーになりたい
何をすればメンバーがついてきてくれるかわからない

・チームメンバー同士がギスギスして困っている
・チームメンバーをもっと幸せにしたい
・カリスマリーダーになりたい

このような方に、本書を特におすすめします。もちろん『鬼滅の刃』を読んだことがなくても安心して読み進めてくださいね。あなたの目指すリーダーの姿を、一緒に読み解いていきましょう。

では改めまして、『鬼滅の刃』の一ファンとして、最初にこの台詞を語らせてください！

〝俺は俺の責務を全うする!!
ここにいる者は誰も死なせない!!〟

『鬼滅の刃』８巻　第64話　54頁

これは『鬼滅の刃』で登場する柱（リーダー）の一人、煉獄杏寿郎の言葉です。敵との戦いで深手を負いながらも、リーダーとして最期まで役目を果たそうとする強い信念、そして大きな覚悟を感じます。このような強さ、そしてカリスマを持つリーダーに、人は心惹かれることでしょう。

「そんなリーダーに自分がなれるわけがない」

「実際には、こんな人はいないよ」

いえいえ、そんなことはありません。

ビジネスの場において、強烈なカリスマを発するリーダーは実在します。それを再現する、あなたもそうなれる具体的な方法を、わかりやすく伝えていくのがこの本です。現在リーダーの立場ではない方も、自分がリーダーになる未来を想像して読んで頂ければと思います。

目次

第弐章　部下育成の呼吸

第参章　チーム（組織）作りの呼吸

第肆章　チーム戦略の呼吸

第伍章　個人スキルの呼吸

第陸章
感情コントロールの呼吸

『鬼滅の刃』主要登場人物

竈門炭治郎《かまどたんじろう》……『鬼滅の刃』主人公。妹を人間に戻すために、鬼殺隊の隊士として鬼と戦う。

竈門禰豆子《かまどねずこ》……炭治郎の妹。鬼舞辻無惨により鬼にさせられてしまった。

我妻善逸《あがつまぜんいつ》……炭治郎と鬼殺隊の同期。雷の呼吸の使い手。

嘴平伊之助《はしびらいのすけ》……炭治郎と鬼殺隊の同期。獣の呼吸の使い手。

栗花落《つゆり》カナヲ……炭治郎と鬼殺隊の同期。花の呼吸の使い手。胡蝶しのぶの継子。

柱

冨岡義勇《とみおかぎゆう》……水の呼吸の使い手、水柱。炭治郎を鬼殺隊に導いた。

胡蝶《こちょう》しのぶ……蟲の呼吸の使い手、蟲柱。薬学の知識があり、鬼を殺せる毒を作りだした。

煉獄杏寿郎《れんごくきょうじゅろう》……炎の呼吸の使い手、炎柱。代々、炎柱を輩出している煉獄家の出身。

宇随天元《うずいてんげん》……音の呼吸の使い手、音柱。元忍。三人の妻がいる。

時透無一郎《ときとうむいちろう》……霞の呼吸の使い手、霞柱。刀を持って二ヶ月で柱になる。

甘露寺蜜璃《かんろじみつり》……恋の呼吸の使い手、恋柱。筋肉密度が通常の人の八倍。

伊黒小芭内《いぐろおばない》……蛇の呼吸の使い手、蛇柱。白蛇の「鏑丸」を相棒にしている。

不死川実弥《しなずがわさねみ》……風の呼吸の使い手、風柱。炭治郎と同期の不死川玄弥の兄。

悲鳴嶼行冥《ひめじまぎょうめい》……岩の呼吸の使い手、岩柱。柱の中で最年長。最強と言われている。

鬼

鬼舞辻無惨《きぶつじむざん》……鬼の始祖。

獪岳《かいがく》……善逸の兄弟子。雷の呼吸の壱の型が使えない。

累《るい》……無惨の精鋭・十二鬼月《じゅうにきづき》の一人。「下弦の伍」の数字を与えられている。

その他

産屋敷耀哉《うぶやしきかがや》……鬼殺隊第九七代当主。

鱗滝左近次《うろこだきさこんじ》……元水柱で、炭治郎や冨岡義勇の水の呼吸の師匠。天狗のお面をしている。

桑島慈悟郎《くわじまじごろう》……元鳴柱で、善逸の師匠。

神崎《かんざき》アオイ……胡蝶しのぶの住む蝶屋敷で働く。隊士の治療やリハビリの指揮を執る。

錆兎《さびと》……炭治郎の兄弟子。炭治郎が最終選別で生き残れるよう指導する。

珠世《たまよ》……鬼でありながら、無惨を敵対視し、炭治郎達を援助する。

第零章
なぜ『鬼滅の刃』から
リーダーシップが
学べるのか

「なぜ『鬼滅の刃』をテーマにしているのか？」

それは皆さんも気になる点だと思います。

この章では、リーダーについて語るために『鬼滅の刃』を選んだ理由や、この本の読み方、そして読む前のヒントをいくつかお伝えします。

「このキャラクターの話を早く読みたい！」

「今ある問題の解決法をすぐに知りたい！」

という方は、まず目次や各項目の冒頭にお目通しください。項目ごとに、どんな問題で悩んでいるリーダーに読んでほしいかを明記しましたので、いま実際に抱えている課題の解決法を探すことができます。

では改めて、なぜ『鬼滅の刃』なのか、という点からお話していきます。

理想的なリーダーをイメージできますか？

「そもそも、良いリーダーに出会ったことがない」

「だから自分がそうなれるとは思えない」

このような声はよく聞くところです。実際、理想的なリーダーとはどんな存在か、具体的に想像できない方や目標とする人物を語れない方は多いと思います。この本では『鬼滅の刃』に登場するリーダー達、その生き方や志、語る言葉を通じて「具体的なリーダー」をイメージしつつ、現実の課題の解決につなげていきます。

ところで、

「本当にマンガで勉強できるの？」

と、疑問に思う方もいらっしゃると思います。

けれど、どんな課題のときにどんなリーダーが必要なのか、文字だけで説明されて理解するのは難しいものです。

マンガ……つまり、キャラクターや物語から学んだ知識、考え方は、より強くあなたの中に息づくはずです。『鬼滅の刃』のキャラクター達は、物語の登場人物ではありますが、悩み、苦しみ、同時に生き生きと使命を果たす、圧倒的な存在感があります。

何かに行き詰まったとき、

「あの時の○○のように！」

と突破する姿をイメージできる、そこに自分の姿を重ねられることは、文字列からでは身につかない、かけがえのない財産です。

ぜひこの物語から、あなたの目標となる「理想のリーダー」を見つけ出してください。

『鬼滅の刃』ってどんな作品？

『鬼滅の刃』は雑誌・週刊少年ジャンプ（集英社）にて連載され完結した少年マンガです。

ジャンプと言えば「友情・努力・勝利」というフレーズが有名ですが、ジャンプ連載作には、チーム力によってビジネス課題を突破する物語に置き換えられる作品が沢山あります。

では改めて『鬼滅の刃』のストーリーを見ていきましょう。未読の方にはネタバレになりますが、簡単にまとめると次の通りです。

- 修行によって成長し
- 鬼との戦いを通して成長し
- 時には戦いに敗れたり、仲間を失いながらも
- 仲間と共に戦い
- 最終ボス（鬼舞辻無惨）を倒す

いわば王道ストーリーですね。
『ONE PIECE』『ドラゴンボール』『呪術廻戦』なども同じで、課題があり、成長があり、仲間との協力があります。

これを現実の世界に置き換えると、

・OJTで鍛えられ
・現場に出て鍛えられ
・失敗に学び
・チームで成果を出し
・チーム目標を達成する

となります。これは、私達が人生で経験するストーリーと同じともとらえられます。従って、普段の生活の中に課題があるとき、『鬼滅の刃』を自分の状況にあてはめて読むことで、課題の乗り越え方のヒントが見つかるのです。

「でも、他のマンガじゃダメなんですか？」

もちろんダメとは言いません。けれど、我々が『鬼滅の刃』を選んだのには理由があります。

『鬼滅の刃』の最大の特徴は、主人公はもちろん、主人公以外の登場人物や敵についても、過去の出来事や深層心理、気持ちの変化、それによる成長を、非常に丁寧に描いている物語だということです。

主人公にも脇役にも敵にもそれぞれの事情があり、自分なりの正義といった「想い」を持って生きています。現実世界も同じですね。ホワイト企業もブラック企業もありますし、色々な場所で立場の違う沢山の人が、それぞれの「想い」を持って働いています。

また『鬼滅の刃』は、敵だから悪で倒すべき、という単純なストーリーではありません。善悪について考えさせられるエピソードが多々あります。同時に、敵に同情すべき点や自らの未来を損なう可能性があっても、社会的な影響を考えて、やはり倒さねばならないと決断する、リーダーの判断

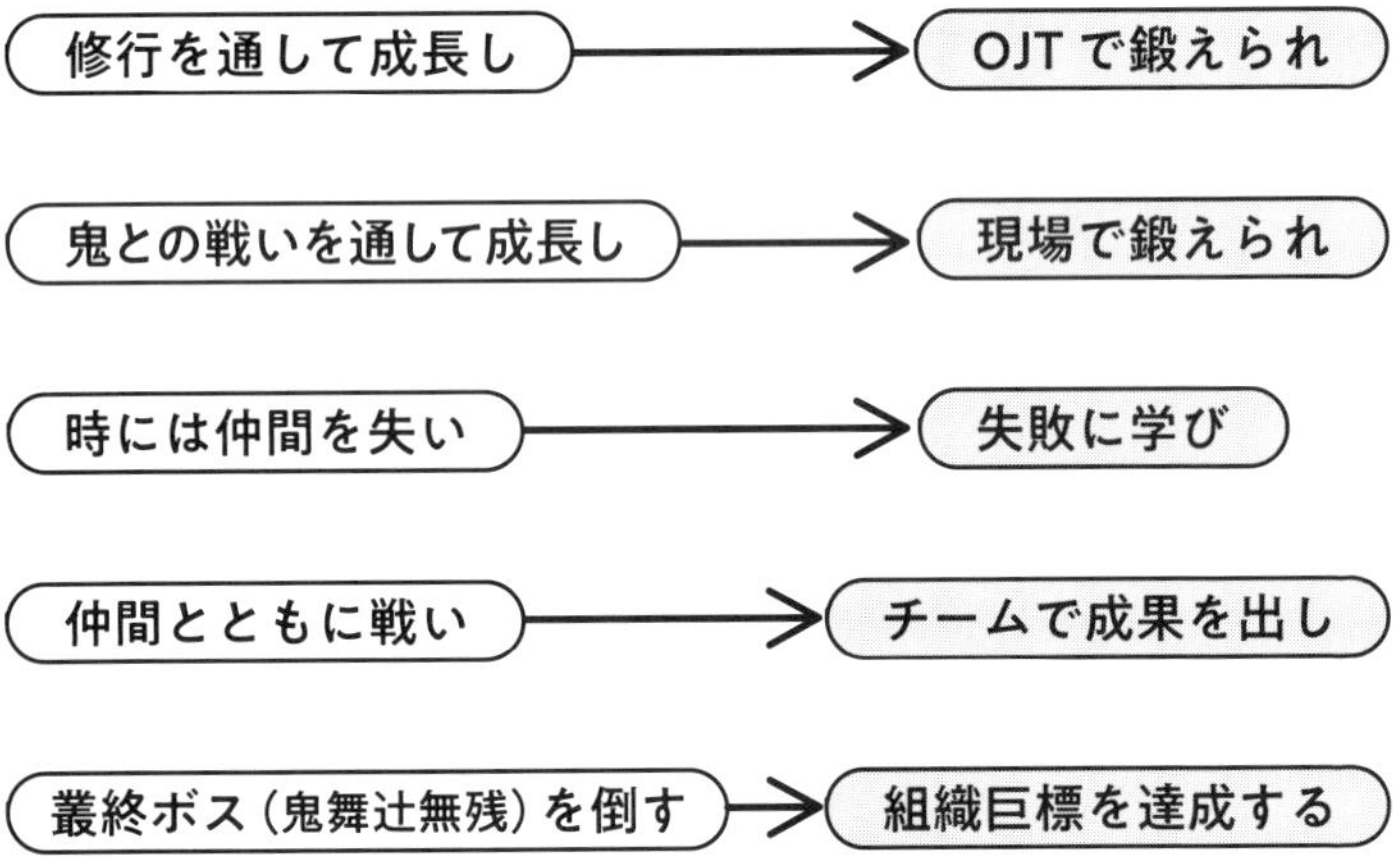
修行を通して成長し
OJTで鍛えられ
鬼との戦いを通して成長し
現場で鍛えられ
時には仲間を失い
失敗に学び
仲間とともに戦い
チームで成果を出し
叢終ボス（鬼舞辻無残）を倒す
組織巨標を達成する

力を問う物語でもあります。

さらには、リーダーとしての在り方だけではなく、チームメンバーとの関係性も参考になるはずです。

『鬼滅の刃』に登場するメンバーは皆、個性的です。嗅覚が発達した主人公の竈門炭治郎《かまどたんじろう》、聴覚が発達した我妻善逸《あがつまぜんいつ》、触覚が発達した嘴平伊之助《はしびらいのすけ》、視覚が発達した栗花落《つゆり》カナヲなど、それぞれが特性を活かしながら活躍しています。そして現代は、個性が尊重される時代に変わりつつあります。炭治郎達のように個性の異なるメンバーが一緒に生活し、働いているのです。一人ひとりの「想い」や「個性」の違いを尊重し合わなければと改めて気づかせてくれるのも、『鬼滅の刃』の魅力です。

『鬼滅の刃』の魅力をより多くの人に伝えたい！

ここまでやや堅苦しいことも含めて語りましたが、この本を共著するメンバーは、皆『鬼滅の刃』が大好きです！最初はファン同士が集まって語り尽くす会でしたが、公認会計士・税理士、社会保険労務士、中小企業診断士・行政書士という士業に就いている我々は、漫画の面白さを議論していくうちに、この作品が現実のビジネスに役立つノウハウの宝庫であることに気づきました。

そうなると熱量は留まりません。読めば読むほど、作者の吾峠呼世晴先生の設定の奥深さに感銘を受けるとともに、最高の学びの教科書となると確信したのです。けれど、『鬼滅の刃』から学んだことを現実世界に活かすには、解説やヒントが必要だとも感じました。

そこで、より多くの人にこの作品の素晴らしさを伝えたい。そして多くの方に活用して頂きたいと思い、原作から読み解いた「リーダーの在り方」をわかりやすくまとめ、書籍化することを決断しました。

『鬼滅の刃』を既に読まれている方は、副読本とも言える本書を読むことで、実生活にも『鬼滅の刃』のノウハウを活用して頂けます。そしてまだ読まれていない方には、ぜひ『鬼滅の刃』の奥深い面白さを知ってほしいという強い想いがあります。

この本を出すことで、『鬼滅の刃』の価値がより高まると、我々は確信しています。

なぜ、我々が書くのか

おそらく『鬼滅の刃』から何かを学ぼうという関連本は、既に発行されていると思います。それでも書こうと決意したのは、組織やチームを支える専門家として、リーダーを目指す皆さんに伝えられることがあるからです。

ここで改めて共著者を紹介します。

公認会計士・税理士　矢﨑より

私は三十名規模の会計事務所を運営する中小企業経営者です。会計事務所業界は、ＩＴ化の大きな波により、これまでスタンダードだった帳簿作成業務という仕事が陳腐化しつつあります。三代目経営者である私は、激しく変化する業界の中で、もがきながらも経営をＶ字回復させました。立て直しにあたっては、まず従業員を仲間にして巻き込む必要がありました。そのため、リーダーシップ論と心理学を同時に学び、現実の仕事に活用してきました。

リーダーとしての実体験を基に、『鬼滅の刃』から学べる論理を紐解きます。

社会保険労務士　高橋より

これまで社会保険労務士として、組織ルールや雇用の側面から、会社経営者・人事部門の長などリーダーのメンターとして中小企業を支えてきました。リーダーの想いと組織の現状というある種の二律背反を、どのように乗り越えていくか。その落としどころを探るヒントを、『鬼滅の刃』という作品を通じてお伝えします。

中小企業診断士・行政書士　盛澤より

私は中小企業の組織づくり・経営改善のコンサルティングを行っています。社長とリーダーの集う会議に参加したり、若手・中堅社員向けの研修を実施することで、組織の再生や活性化を促しています。経営理論と実体験を踏まえつつ、『鬼滅の刃』のストーリーから、組織が変わっていくためのヒントや突破口の見つけ方を紹介します。

我々のグループの目的は、今リーダーとして頑張っている方、これからリーダーとして活躍する方を助け、社会に貢献すること。そして『鬼滅の刃』のファンとして、この作品をもっと多くの方に深く楽しんで頂くことです。

今、未来を担うリーダーが必要とされている

先ほど、『鬼滅の刃』は多様性を内包しているとお伝えしました。そして現実世界も、多様性の時代に入っています。それをどのようにビジネスに取り入れるか、そして単一性の強かった日本社会はこの変化にどう対応していけばいいか、今、難しい舵取りが迫られています。

もともと戦後の日本は、少品種大量生産により経済成長を遂げてきました。家電もおもちゃ

も家具も、みんなが同じ製品を求めた時代もありました。ところが、時代の流れと共に消費者のニーズが多様化し、それぞれのニーズを満たす製品ラインナップが必要になりました。また、技術革新のスピードも上がり、製品のライフサイクルも短くなりました。さらには、コロナ禍という大きな災害に直面し、今までの常識が通用しなくなる時代が到来しています。

これからの時代、私達が生き残っていくためには、現状と課題を把握し、目標を設定し、また理想を掲げるリーダーが必要です。それは一体、誰でしょうか？総理大臣だけでは、大企業のトップだけでは、国民一人ひとりに細やかな変化や配慮をもたらすことは難しいと、皆さんおわかりだと思います。日々の生活に直結する身近な世界では、もっと小単位でのチーム、そしてそのリーダーの役割が重要になるはずです。

つまり、その役割を担うのは、日々を生きている私達であり、あなた自身です。

『鬼滅の刃』に出てくる鬼殺隊《きさつたい》（鬼と戦う組織）は、刀を持つ剣士だけでは成り立ちません。裏方として支える人びとも沢山出てきます。彼らは市井に生きる普通の人たちであり、殺される危険がありつつ、それでも鬼という怪物との戦いに関わっています。

同じ様に、激動の時代を生き残るためには、個人ではなくチームで動く必要があり、リーダーだけでなくリーダーを支えるチームメンバーが必要です。

リーダーは、チームメンバーが路頭に迷わないように、自己実現できるように、強いリーダーシップを発揮する必要があります。しかしながら、リーダーシップは義務教育では学べません。であるならば、リーダーとはどうあるべきかを自ら学んでいくしかないのです。

コロナ禍、そしてアフターコロナを見据える激動の時代だからこそ、『鬼滅の刃』という生死を賭けた戦いの物語が参考書となります。昔の偉人の話や小難しい本ではなく、わかりやすく直感で伝わりやすいマンガという形で、次世代のリーダーの在り方について体系的に学んでいきましょう。

『鬼滅の刃』から組織の力を学ぶ

前項では、時代を生き抜くためにチームの力が必要とお伝えしました。

ではここで、少しだけ経営学に踏み込んで、P・F・ドラッカーの言葉を引用します。


「ドラッカーという人を知らない」

「よく聞く名前だけど、何をした人なの？」


と、ご存じない方もいらっしゃるかもしれませんね。

簡単にお伝えすると、ドラッカーは経営学者であり、「現代経営学」「マネジメント」の発明者です。

ここでドラッカーの経歴を覚える必要はないので、その言葉にだけ注目してください。ドラッカーは、組織について以下のように定義しています。

〝組織が存在するのは組織自身のためではない。
…組織とは目的ではない。
組織とは、…自己実現の手段である〟

『マネジメント〔エッセンシャル版〕』
（P・F・ドラッカー　上田惇生訳ダイヤモンド社）

つまり、チームメンバー一人ひとりの自己実現、言い換えれば幸せのために、組織は存在すると解釈できます。

チーム（組織）は価値観の違う人間の集まりです。そして個性豊かなメンバーが考える自己実現の形も様々です。従って、組織に所属する考え方が異なるメンバーそれぞれが「主役」であることを理解しなければ、組織は成り立たず、リーダーシップは発揮できないのです。

その意味でも、キャラクター各々の想いを掘り下げる『鬼滅の刃』という物語は、個性豊かなメンバーを前にして、リーダーがどのようなリーダーシップを発揮すべきかを学べる教科書になるのです。

鬼殺隊にしても、鬼にしても、組織としての目的達成のためにメンバーを統率する必要がありました。そのために様々な工夫をするリーダーの姿勢を通じて、リーダーシップの『型』を学んでいきましょう。

この本を手にとって頂いたあなたへ

本書は、読みやすく、すぐに実践できるよう、次の内容を意識して執筆されています。

・リーダーに必要なスキルのうち、より重要性の高いエッセンスを抜粋
・登場人物の生き様や台詞にフォーカスし、現実世界にあてはめてリーダーシップを考察
・『鬼滅の刃』以外の有名な書籍、学者や偉人の言葉を豊富に引用し、明確な論拠を提示
・普段本を読まない方も難しい理論を理解できる、わかりやすい説明

この本が、リーダーとして頑張る皆さんと、これからリーダーを目指す皆さんの一助となることを願っています。

「良いリーダーになりたい！」

その目的のために、まずはリーダーの定義について整理していきましょう。

ドラッカーは、著書『プロフェッショナルの条件』において、以下のように定義しています。

〝リーダーに関する唯一の定義は、つき従う者がいるということである〟

『プロフェッショナルの条件』（P・F・ドラッカー　上田惇生訳　ダイヤモンド社）

当たり前と言えば当たり前です。

けれど、改めて考えると「なるほど」となりますよね。リーダーは複数人のメンバーで構成されるチームに所属し、メンバーはリーダーに従う存在です。つまりリーダーは、多種多様なメンバーを束ねる必要があり、同時に、従うメンバーの未来を決定づける力を持ち、責任も生まれます。

リーダーであるからには、自身の言動がメンバーに大きな影響を与える自覚を持ち、リーダーシップを発揮する努力をしなければなりません。

こう表現すると、「そんな厳しい立場にはなりたくないな」と気が重くなってしまうかもしれませんね。

だからこそ本書は『鬼滅の刃』を通じて学ぶことを強くおすすめしています。『鬼滅の刃』に登場するリーダー達は、人間的であり、完璧ではないからです。

完璧を目指すのではない。あくまでもチームの成長と、目的達成を目指す。そう思えば、少し気が軽くなるはずです。登場人物達の努力や失敗を身近に感じ、自分も頑張ろう、と考えられるのも『鬼滅の刃』の持つパワーです。

『鬼滅の刃』は好きだけど、リーダーがどんな存在であるべきかわからない

『鬼滅の刃』は好きだけど、リーダーシップを発揮するために何をすればいいかわからない

こういう方でしたら大丈夫です。一緒に楽しく学んでいきましょう。

本書の全体像

では、『鬼滅の刃』からどのように学んでいくのか、まずはこの本がどのような枠組み（フレームワーク）になっているのかをお伝えします。一覧でパッと目に入れたい場合は、目次をご参照ください。ここではもう少し詳しく、章ごとに「何を伝えたいか」を補足しています。

まず、あなたが良いリーダーとなるためには二つの力が必要です。それはチームをマネジメントする力、そしてリーダー自身の業務スキルです。

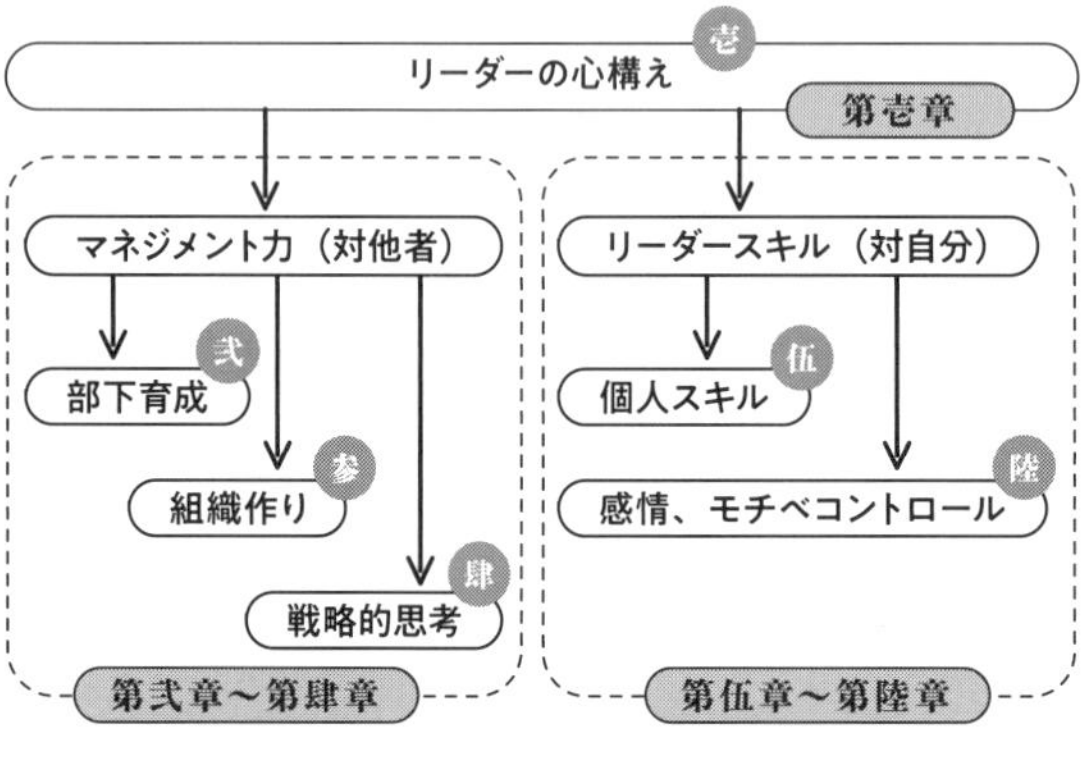

第壱章では、全ての基礎となる「リーダーの心構え」を伝えます。続いて「マネジメントする力」を第弐章、第参章、第肆章で、「リーダースキルの高め方」は、第伍章、第陸章で学べます。分かりやすく図解するとこうなります。

この先の学びのイメージ、頭の中に浮かんだでしょうか？　では、もう少し細かく学びのフレームワークを解説していきます。

第壱章で知る「リーダーの心構え」

成功するために絶対に必要なのは、リーダーとしての心構えです。

リーダーになると、同じチームにいても見える景色が変わります。さらに、メンバーから一挙手一投足を見られる立場になります。また、沢山の困難も待ち受けています。

波乱万丈な状況に身を置いてチームメンバーに良い影響を与えていくためには、相応の覚悟が必要になります。この章では、『鬼滅の刃』でリーダーシップを執る産屋敷耀哉《うぶやしきかがや》や鬼殺隊の柱達の覚悟の例を交えて、「リーダーの心構え」についてお伝えします。

第弐章で気づく「正しいメンバー育成法」

第弐章では、リーダーにとって避けて通れないメンバーの育成について解説します。

リーダーは自分だけ頑張ればいいわけではありません。チーム全体のパフォーマンスを求められます。そして、メンバーの育成結果次第でチームの成長には圧倒的な違いが生まれます。結果に直結する、力を入れるべきポイントであるのは間違いありません。

ただしメンバーは、価値観も個性も優劣もやる気もそれぞれ違います。この「違いに目を向けた」育成がリーダーには求められます。

『鬼滅の刃』に登場する鬼殺隊員達は、それぞれ個性が強く、時には目上の人に対する態度が「なってない」とされるキャラクターもいます。そんな隊員達に対して、鬼殺隊の長、産屋敷耀哉は、時に人格を育てる形で接しているとも見て取れます。また、チームリーダーである『柱』達も、弟子をとって教育する立場にあるため、隊員を指導する場面が出てきます。

この章では、『鬼滅の刃』で部下を上手に教育している例や、逆に教育ができていない鬼の例を交えて、万能な部下育成方法をお伝えします。

第参章で学ぶ「チームづくりの秘訣」

第参章では、リーダーのチームづくりについて解説します。

リーダーは自分のチームを自由に作る権限を持っています。つまりリーダーの数だけ違ったチームが誕生します。チームごとに特徴は異なり、成果も異なります。この章では、鬼の組織と鬼殺隊の組織を例に、どのような仕組みでチームを作れば生産性が高まるのかを伝えていきます。

第肆章で身につく「戦略的思考」

第肆章では、リーダーが考えるべき戦略的思考について解説します。

リーダーはチームの目標達成のために、戦略を考えなければなりません。ここで言う戦略とは、チームが成果を出すための方向性や考え方のことです。

一方、戦略を実行するための具体的な行動を戦術と言います。例えば、販売先となるターゲットを決めることは戦略です。そしてターゲットに飛び込み営業したり、電話でアポイントをとったりする行動が戦術になります。

つまり、戦術の上に戦略があります。戦略がないと、メンバーはチームの目標達成にそぐわない行動や生産性の落ちる行動をしてしまうのです。『鬼滅の刃』では、産屋敷家を筆頭に鬼殺隊の面々が、鬼を倒すための戦略、そして自分を成長させるための戦略を持っています。これらを参考に、リーダーが目標達成するための戦略立案のヒントをお伝えします。

第伍章で極める「個人スキルの高め方」

第伍章では、リーダーとして自身の個人スキルを高める方法について説明します。

リーダーにはチームの成果が求められるのですが、リーダー自身のスキルを高めることも怠ってはなりません。リーダーが一目を置かれる存在でなければ、メンバーはついてこないのです。『鬼滅の刃』のキャラクター達は、リーダーである『柱』だけでなく、それぞれが沢山の試練を乗り越えて成長してきました。

この章では、キャラクター達の成長過程を例に、リーダーの個人スキルの高め方をお伝えします。

第陸章で習得する「感情・モチベーションコントロール法」

第陸章では、感情・モチベーションコントロールについて説明します。

チームは沢山の人と活動を共にする場所です。人に期待して裏切られたり、人と自分を比較することで、怒り、悲しみ、嫉妬などの負の感情が発生します。また、努力しても報われず、やる気を失ってしまうこともあるでしょう。

このような負の感情は、チームと個人の生産性を著しく低下させます。逆に、感情をコントロールできると、目の前の仕事に集中することができ、生産性を高めることが可能になります。

この章では、『鬼滅の刃』で登場する、負の感情に振り回されたり、あるいは克服するキャラクター達を通じて、リーダー自身、そして各メンバーが負の感情に苛まれた場合の対処方法をお伝えします。

あなたの理想のリーダーは？

ここまで、リーダーの学ぶべきフレームワークをご紹介してきました。

この先は、具体的な事例、テクニックをお話しますが、この本の全体像を押さえておくことで、一つひとつの章がより立体的に把握できるはずです。そして『鬼滅の刃』を通じて、自分の中に、曖昧だった「理想のリーダーの姿」が見えるようになってきます。それだけでなく『鬼滅の刃』が多くの人達の生き方を描いた作品であり、読めば読むほど深い物語であることに気づくきっかけにもなるでしょう。

ここから始まる物語が、リーダーとして迷ったときの道しるべになる。そう期待して読み進めて頂ければ幸いです。

第壱章
リーダーの心構え

壱ノ型　煉獄杏寿郎《れんごくきょうじゅろう》から学ぶ！　リーダーの条件

このページでは、

- ☑ そもそもリーダーがどうあるべきかを知りたいリーダー
- ☑ 煉獄杏寿郎のようなカリスマリーダーになりたいリーダー

そのような方々へのヒントとして、「リーダーの条件」をお伝えします。

本書の「はじめに」で、お伝えしたように煉獄杏寿郎がカリスマリーダーであるというのは、議論の余地がないと思います。そこで、壱ノ型、弐ノ型を通して、なぜ、杏寿郎が理想のリーダーであると人は感じるのか、論理的に紐解いていきましょう。

ここで、リーダーの条件については、経営学者のP・F・ドラッカーが三つにまとめてくれています。そこに、我々が独自に一条件加えた、四条件を説明していきます。

リーダーの第一条件

ドラッカーは、第一の条件について以下のように述べています。

〝リーダーたることの第一の要件は、
リーダーシップを仕事と見ることである〟

『プロフェッショナルの条件』（P・F・ドラッカー　上田惇生訳　ダイヤモンド社）

リーダーは、期限の決められた日常の業務をこなすことと同様に、リーダーシップを発揮すること自体がリーダーに与えられた一つの仕事としてとらえる必要があるということです。無限列車にて、煉獄杏寿郎は、鬼に眠らされてしまい、目が覚めたときには、鬼が車両全体を覆っていました。このような緊急事態を目の当たりにして、炭治郎に以下のような発言をしました。

〝この汽車は八両編成だ　俺は後方五両を守る！
残りの三両は黄色い少年と竈門妹が守る

〝君と猪頭少年は　その三両の状態に注意しつつ鬼の頸を探せ〟

『鬼滅の刃』7巻　第61話　165頁

杏寿郎は、瞬時に状況を理解し、すぐさまメンバーである炭治郎に具体的な指示を出しました。杏寿郎は、自分がリーダーシップをとるのが当然だと思っているので、一番最初の対応として、メンバーに対してリーダーシップを発揮したのです。

リーダーは、何か問題が起きなくても、問題が発生したときにも、当たり前のように率先してリーダーシップを発揮する存在である必要があります。まさにリーダーシップを仕事ととらえることです。

リーダーの第二条件

ドラッカーは、第二の条件について以下のように述べています。

〝リーダーたることの第二の要件は、リーダーシップを、地位や特権ではなく責任と見ることである。〟

『プロフェッショナルの条件』（P・F・ドラッカー　上田惇生訳　ダイヤモンド社）

リーダーとは、役職ではなく、責任をとる立場にいると捉える必要があるということです。
この点についても、杏寿郎の例を見てみましょう。無限列車にて、杏寿郎は、上弦の参『猗窩座《あかざ》』の戦いの最中に、以下の発言をしています。

〝俺は俺の責務を全うする!!
ここにいる者は誰も死なせない!!〟

『鬼滅の刃』8巻　第64話　54頁

繰り返しになりますが、杏寿郎は、無限列車編で炭治郎達のリーダー的存在であることを自覚していました。他の誰でもなく、リーダーである自らが最終的に責任を負うべきことを知っているから、自らが犠牲になることを躊躇することなく、このような発言ができたのだと思います。後輩を生き残らせて、その後輩が成長することで鬼殺隊というチームで鬼舞辻無惨《きぶつじむざん》を倒すという成果につなげることが、リーダーとしての務めであると感じていたのでしょう。

リーダーは、チーム及びメンバーの成果や失敗、そして成長に対して、責任を負う立場なのです。

リーダーの第三条件

ドラッカーは、第三の条件について以下のように述べています。

〝リーダーたる第三の要件は、信頼が得られることである。〟

『プロフェッショナルの条件』（P・F・ドラッカー　上田惇生訳　ダイヤモンド社）

リーダーは、信頼されていなければならないというのは、当たり前のことだと思われることでしょう。では、信頼されるには具体的にはどうしたらいいでしょうか。ドラッカーは、次のように言っています。

〝リーダーが公言する信念とその行動は一致しなければならない。少なくとも矛盾してはならない。……中略……リーダーシップは一貫性に支えられるものである。〟

『プロフェッショナルの条件』（P・F・ドラッカー　上田惇生訳　ダイヤモンド社）

つまり常日頃からの信念と実際の行動が一貫している人に、人は信頼を抱くということです。
杏寿郎は母、瑠火《るか》が生前に残した以下の言葉を支えにしています。

〝弱き人を助けることは強く生まれた者の責務です〟

『鬼滅の刃』８巻　第64話　62頁

杏寿郎は、この母の言葉を胸に、弱き者を助けるという行動を繰り返し実行してきました。
甘露寺蜜璃《かんろじみつり》が杏寿郎の継子だった頃、蜜璃が鬼殺隊に向いてないのではないかと悩んでいたときも、

〝弱き人を助けることは強く生まれた者の責務
亡くなった母の教えだ！〟

『鬼滅の刃【外伝】』煉獄杏寿郎外伝〈後編〉１５２頁

と指導しています。
杏寿郎が、柱になる前に下弦の弐の鬼と熾烈な戦いを繰り広げているときも、

〝約束したのだ　母上と　弱き人を助けると〟

『鬼滅の刃【外伝】』煉獄杏寿郎外伝〈後編〉　１４２頁

と自分に言い聞かせて奮い立たせます。杏寿郎のこのような言動や行動は、一貫性そのものです。

このように、リーダーは、言動について一貫性あるふるまいをできているのか注意しましょう。そして、言動以外にも、以下の相手、状況でも一貫した態度が取れているか意識してみましょう。

①立場の違う人（上司と部下、友人と店員などの外部の人、お金をもらう立場の人とお金を払う立場の人）に対して

②平常時と緊急時

メンバーは、リーダーがどんな言葉を発し、その言葉に一貫した行動やふるまいをしているかを見ています。不用意な言葉や行動で信頼を失ってしまうのはもったいないです。逆に、一貫した態度がとれれば、この人は信頼できるリーダーだとメンバーから見られることになります。

リーダーの第四条件

ドラッカーの提唱するリーダーの条件は以上になりますが、我々は高いパフォーマンスを発揮するリーダーにとって必要な第四条件があると考えています。それは、メンバーを動かす「情熱」です。「情熱」と聞いて、煉獄杏寿郎のこの言葉を思い出す方は多いのではないでしょうか。

〝心を燃やせ〟

『鬼滅の刃』8巻　第66話　93頁

杏寿郎が上弦の参『猗窩座』に破れ、炭治郎達後輩に想いを託すシーンです。杏寿郎の魂がすべて注がれた言葉といって過言ではありません。この短い言葉に、心をわしづかみされ、多くの方が涙したと思います。なぜ、この言葉に人は熱くなったかというと、杏寿郎が人生を通じて一貫して心を燃やしてきたということもあると思いますが、言葉の意味以上に煉獄杏寿郎の熱い想いが伝わったからではないでしょうか。

情熱は、相手の感情を揺り動かし「共感」を得ることができます。共感したメンバーは、あなたの強力な仲間になります。また、「心を燃やせ」は、その後、炭治郎が鬼との戦闘中に、心が折れそうになったときに、何度も炭治郎を勇気づけ、立ち上がらせました。

情熱は、伝染するのです。メンバーも情熱を持ち、やがてチーム全体が情熱を持つようになります。情熱は、チームを一枚岩とし、大きな成果を生むことにつながるのです。杏寿郎の意思を継いで大きく成長した炭治郎のように。

まとめ

ここまで、リーダーの四条件を紹介しましたが、シンプルなようで、非常に難しい条件です。自分の仕事に集中しすぎると、リーダーシップを発揮できません。メンバーのミスの責任をつい他人事のように感じてしまいます。自分より弱い立場の人には横柄な態度をとったり、慌てているときには一貫性を保つ余裕がなくなってしまいます。

しかし、リーダーとしてあなたがメンバーをとりまとめるためには、必須の条件です。ですから、常

リーダーの条件

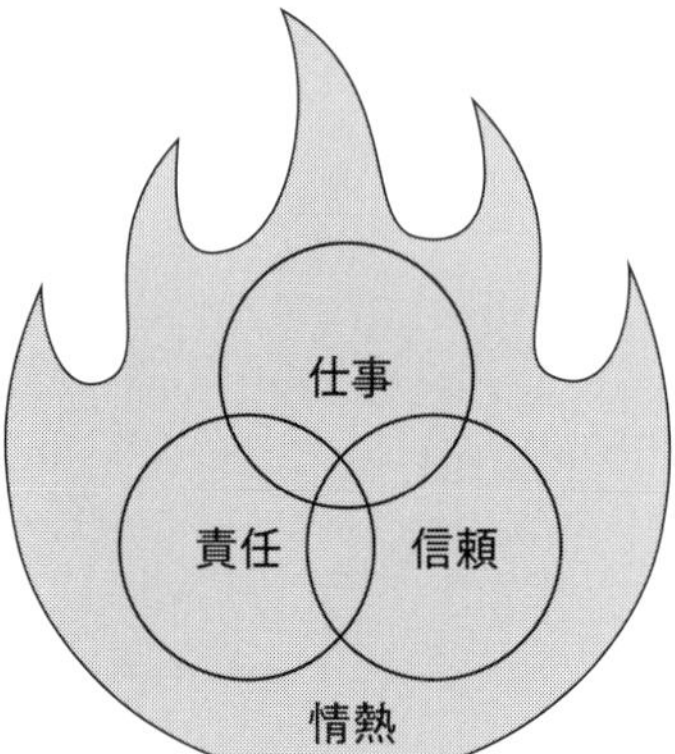

に頭に入れておき、条件に背いた行動をしてしまったら、反省を繰り返しましょう。意識さえしていれば、徐々にできるようになるはずです。それができるようになれば、メンバーはリーダーであるあなたに一生ついていきたいと言ってくれる日が来きます。それまで、頑張りましょう。

弐ノ型　煉獄杏寿郎《れんごくきょうじゅろう》の生き様から学ぶ！リーダーに求められる要素

このページでは、

☑ チームの引っ張り方に悩むリーダー
☑ メンバーを上手く巻きこめないリーダー

そのような方々へのヒントとして、「リーダーに求められる要素」をお伝えします。

壱ノ型では、煉獄杏寿郎の発言からリーダーの必要条件について見てきました。今回は、さらに煉獄杏寿郎の生き様を深掘りしてみましょう。杏寿郎の活躍が描かれるアニメ「無限列車編」は、それまでのテレビ放送から映画館での公開となり、その興行収入が日本新記録となったことで話題になりました。彼は多くのファンを惹きつける存在であり、その生き様、行動は見る人の感情に訴えるものがあります。今回は理想の上司とも言われる杏寿郎の行動から、リーダーに求められる要素を考えてみたいと思います。

杏寿郎の行動から見るリーダーシップ

杏寿郎は「鬼を倒す」、「弱者を守る」という使命を最期まで貫き通しました。自分の責務を全うする。その一貫した態度に胸を打たれるのですが、大筋を曲げない一方で柔軟さを併せ持っていた点も印象的です。

「鬼を倒す」使命感から、最初は禰豆子《ねずこ》を鬼と認識して敵対意識を出していましたが、無限列車での戦いの中で、禰豆子が傷つきながらも戦う様を見て鬼殺隊の一員として認めました。これは禰豆子を最終目標である「倒すべき鬼」から、「鬼を倒すべく一緒に戦う仲間」と認識を改めたことで、受容する考えを示したわけです。

また、猗窩座《あかざ》との戦いにおける勝ち負けに対する考え方も印象的です。猗窩座との勝負の際には、自分自身の勝ち負けよりも周りの被害を気にかけ、誰一人死なせないことを優先していました。

自分が犠牲となってでも目的を果たす。その自己犠牲の姿勢に涙する人も多くいました。実際のビジネスシーンでも、自分がつらい役回りを引き受けてでも、組織や他者を活かさなければいけない場面もあることでしょう。その辛さを知っている人は強い共感を覚えたシーンでもあるはずです。

このように、自分が果たすべき最終目標は何かを意識し、その達成のためには、どうすれば良いかを考えること。「初志貫徹の志」を持ちながらも、遂行する段階では状況に合わせる「柔軟さ」を持ち合わせることがリーダーに求められます。他にも杏寿郎の行動からはリーダーシップを感じられるものは数多くあり、それが彼の魅力となっています。

リーダーシップの形

さて、ビジネスの現場における「リーダーに必要な力」について聞かれたとき、みなさんはどのように答えるでしょうか？ 目的に向かって物事を進めていく力、メンバーをまとめる力、決断する力など、人によって答えにバラつきがあると思います。

心理学者のダニエル・ゴールマンはリーダーシップをビジョン型、コーチ型（コーチング型）、関係重視型（仲良し型）、民主型（調整型）、ペースセッター型（実力型）、強制型の六種類に分類しています。

ビジョン型は組織やチームのあるべき姿、ビジョンを示してメンバーを引っ張り、コーチ型は時間をかけて部下を成長させていきます。関係重視型（仲良し型）はメンバー間の風通しを良くすることを得意とし、民主型（調整型）は、各メンバーの意見を聴いて行動します。ベースセッター型（実力型）は、自ら動いて部下に手本を見せ、強制型は命令によりメンバーを従わせるタイプです。

このように、リーダーシップは様々なタイプに分類されますが、非常時に求められるリーダーと平時に求められるリーダーが異なるように、メンバーや状況などによって適するリーダーシップは異なります。

例えば、コーチ型は部下に寄り添いますが、育成には時間がかかるため短期間の成果を求められる場合には適さないとも言えます。強制型はメンバーの信頼は得にくい形ですが、組織の形を大きく変えるときや、災害などの緊急事態に大きな力を発揮します。

それぞれのリーダーシップに長所・短所があるように、どのような状況にも対応できるオールマイティなリーダーはいないのです。

各リーダーシップにおけるメンバーの動かし方

ビジョン型	共通の夢に向かって人々を動かす
コーチ型（コーチング型）	個々人の希望を組織の目標に結び付ける
関係重視型（仲良し型）	人々を互いに結び付けてハーモニーを作る
民主型（調整型）	提案を歓迎し、参加を通じてコミットメントを得る
ベースセッター型（実力型）	難易度が高くやりがいのある目標の達成を目指す
強制型	緊急時に明確な方向性を示すことによって恐怖を鎮める

様々な状況でリーダーシップを発揮する方法

チームとして成果を上げるためには、状況に合わせてリーダーシップのタイプを切り替えるのが理想です。しかし、そのためには様々な経験やスキルが求められ、難しいと言わざるを得ません。

そこで現実的な対処法としては、自分の得意分野と違うタイプの行動を取り入れていくことが挙げられます。それぞれのタイプの行動は必ずしも矛盾するものではなく、弱点を補完したり、強みを底上げすることもできます。

例えば、ビジョン型のリーダーであれば、おろそかになりがちな実行プランの策定は、メンバーからの意見を聴きすり合わせる民主型（調整型）の行動を意識することが効果的です。杏寿郎の行動で言えば、命懸けで責任を全うするペースセッター型（実力型）の姿を見せつつ、全集中の呼吸のコツを炭治郎に伝授するコーチ型の姿勢で、より強く部下を牽引する力を強めています。

このように、他のタイプの行動を組み合わせていくことで、リーダーシップを発揮しやすくなることが期待できます。

まとめ

チームに対してリーダーシップを発揮するために、まず自分のリーダーシップのタイプ、その長所と短所を認識することがスタートになります。その上で、チームの状況とすり合わせ、自分が取るべきアプローチを考えましょう。また、自分がリーダーだからといってすべてを背負わず、チームメンバーの力を活かすことも大切です。自分と異なるタイプのリーダーシップ行動がみられるメンバーに主体的に動いてもらったり、サポートを依頼することで、チームとしての成果が上げやすくなります。

大切なのは自分一人の行動ではなく、チームとしての成果です。それを実現するためにチームはどうあるべきか、自分がチームに対してどのようにアプローチすべきかを考えることがリーダーに求められます。自分のリーダーシップのタイプを認識し、チームの状況に合わせて行動を調整していくことで、成果を上げるチームにしていきましょう。

参ノ型　鬼殺隊の柱から学ぶ！「挫折」を経験したリーダーがコロナ後に力を発揮する理由

このページでは、

☑ チームや組織を改革しなければならないリーダー
☑ 大きな失敗、挫折を経験したリーダー
☑ 今、大きな壁に直面しているリーダー

そんな方へのヒントとなる、リーダーとして挫折の経験が活きる話をお伝えします。

情と理のはざまで苦悩しながらも意思決定をしていく力

リーダーは常に「情」と「理」のはざまで苦悩します。感情が導き出す答えと理論が導き出す答えは異なる場合が多いからです。

例えば、ある会社が、どうしても人件費を下げなければならないという局面にあったとします。しかし、従業員一人ひとりの顔を思い浮かべるとどうしてもそれは言い出しにくい。「理論的」にはもう限界、しかし「感情的」には業績に目をつむって人件費には手をつけず借入で当座をしのぐか、というようなせめぎ合いです。そしてこのような情と理の間で判断をしなければならないことは、リーダーにとって常に大なり小なりあると言えるでしょう。

「和を以て貴しとなす」の考えを優先していられない時代が来る

人との協調性を大切にするこの考え方は、私達日本人の根底に深く根付いています。従来のリーダーであれば情を大切にする判断が美談となったり、それによって救われリーダーについていくメンバーの姿が感動ストーリーとして描かれたりすることがあったでしょう。

現に私達の中では未だに「良いリーダー」のイメージは、グループ内の意見に耳を傾け、波風を立てずにグループをまとめ上げて仕事を進められる人です。逆に成果が上がっていてもチームの雰囲気をギクシャクさせてしまうリーダーへのイメージは良くありません。

日本全体が経済成長し、企業は終身雇用・年功序列を維持し、毎年会社の業績が上がっていくのが常という、リーダー個人に成果の責任を厳しく問う必要がないかつての日本の「余裕」がそうさせていたのかもしれません。

しかし、風向きは完全に変わりました。ＩＴ関連のプラットフォーム、メタバース、ＡＲ、ＶＲ、ビッグデータなどのサービスを提供するリーディングカンパニーは海外勢に占められ、二〇〜三〇年にわたって次の時代をけん引するような大きな産業は日本では育たなかったと言われます。人口ピラミッドは逆三角形、小手先のことでは経済の巻き返しは難しい状況です。そうなるとリーダーの手腕によって利益が上がるチーム、ダメになるチームがはっきりと分かれていく社会になり、リーダーには成果への責任が一層問われるようになるでしょう。そのためリーダーには理論的に判断し、成果を優先しなければならない局面が増えることになります。

情と理のはざまで苦悩した上で、リーダーが成果に責任を持ち、理の判断を優先できるチームが残り、リーダーが成果よりも情を優

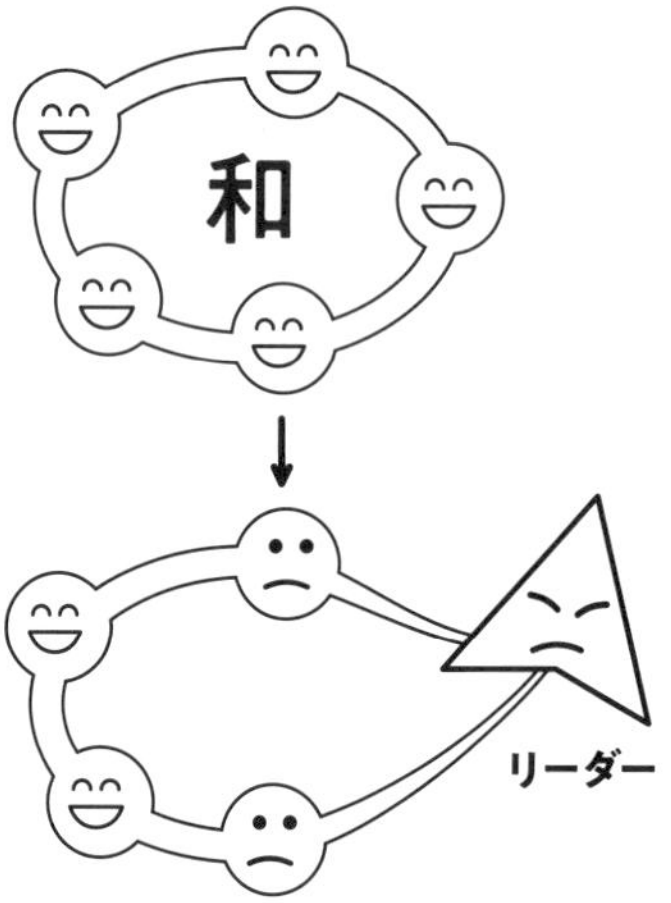

先しその場しのぎの判断をすれば、チームはメンバーもろともなくなってしまう時代が来ているのです。

感情に振り回されるリーダーを脱却するために

では、どうしたら情に振り回されずに、時代に即したリーダーとしての判断ができるようになるのでしょうか。

書籍『リーダーの「挫折力」』（冨山和彦　PHP研究所）によると、情に振り回されるリーダーの殻を破るためには、「挫折」の経験が必要だといいます。望みを抱いて行動したが結果が伴わない苦しさを乗り越えてまた歩き出す、この手の強さが情に振り回されずに組織を導く力になるのです。組織の変化についていけない人に対してリーダーとしての決断を突きつける人間としての強さは、人生において挫折を経験し乗り越えた人間に与えられるものです。

鬼滅の刃の柱（リーダー）は皆「挫折」を経験している

鬼滅の刃は、国内外で非常に多くのファンを獲得した作品です。多様な人々の心を鷲づかみにしたストーリーとその設定において特筆すべきは、鬼殺隊隊士のリーダー格『柱』全員に

「挫折」（困難、苦難）の設定があるということです。

炎柱《えんばしら》　煉獄杏寿郎《れんごくきょうじゅろう》
唯一の味方だった最愛の母を幼い時に亡くす。尊敬している父に、炎柱になってもその努力や才能を認めてもらえない。

蟲柱《むしばしら》　胡蝶《こちょう》しのぶ
家族、最愛の姉、継子（弟子）を鬼に殺された。

恋柱《こいばしら》　甘露寺蜜璃《かんろじみつり》
自身の体質（怪力、ピンクの頭髪、食欲旺盛）で、男性から化け物扱いされ、お見合いがことごとく破談。

霞柱《かすみばしら》　時透無一郎《ときとうむいちろう》
両親を失い、幼いころから兄弟と二人暮らしだったが、兄が鬼に殺され、記憶さえも失う。

岩柱《いわばしら》　悲鳴嶼行冥《ひめじまぎょうめい》
孤児を引き取り育てていたが、多くの孤児たちが鬼に襲われ殺されてしまう。さらに必死に守った子供からこの惨劇は行冥がやったものだと言われ投獄される。

風柱《かぜばしら》　不死川実弥《しなずがわさねみ》
母が鬼化し兄弟を襲ったため抵抗して母にとどめを刺すも、生き残った弟から母を殺したことを罵倒される。兄弟のように慕っていた友人が目の前で何もできないまま、鬼に殺される。

音柱《おとばしら》　宇髄天元《うずいてんげん》
忍びの一家に生まれ、過酷な修行を強いられ、九人いた兄弟のうち七人を失う。生き残った弟は情を失った人間となっており、自分は一族を抜ける。

水柱《みずばしら》　冨岡義勇《とみおかぎゆう》
姉が結婚式の前日に鬼に襲われ殺される。その後、鬼殺隊に入るための最終選別を受け、修行中に親友となった錆兎《さびと》に命を救われるが、逆に錆兎は死に、自分が生き残って選別に合格してしまう。そのことに負い目を感じながら生きる。

蛇柱《へびばしら》　伊黒小芭内《いぐろおばない》

蛇鬼の生贄となるために座敷牢で育てられ、口を耳のあたりまで裂かれる虐待を受ける。逃げ出し保護されるが、同じく生き延びた従姉妹に罵倒される。

いかがでしょうか。作者の吾峠先生がすべての柱に「挫折」の過去を用意したことからは、鬼殺隊という生死を賭けて戦い抜くグループのリーダーにとって挫折とそこから紡ぎだされる心の強さは必須要素であることが伝わってきます。そしてその設定が実際に何千万人、もしくは何億人という非常に多くの人々の共感を得たという結果もまた、リーダーと挫折の関係性に信ぴょう性を付加しているように思われます。過去の挫折を活かし、これからの時代に求められるリーダーに成長していきたいものです。

まとめ

- メンバーの生死を賭けて移り変わる戦況の中、戦う鬼殺隊の柱
- メンバーの生活を賭けて大変革の時代の中、戦うリーダー

両者は、「グループ内の意見に耳を傾けまとめる」という最大公約数的な意見の先に答えを見つけることができない、厳しい時代のリーダーという点で共通しています。成果を出し、チームを維持し守るためには、時代の流れに合わせて全く新しいところへチームを導くことが求められる時代が来ます。そこへ踏み出すとき、リーダーとメンバーの間には必ず溝が生じます。「新しいところ」での成果は保障されていません。まず自分自身の保守的な考えと向き合うことになります。そして変化に文句をいう人や脱落する人、あなたをひどいリーダーだと嫌う人も出てくるでしょう。

しかし、これからの時代、チーム、メンバーを守れるのは、「和を以って貴しとなす」のリーダーではなく、リスクをとり、困難に立ち向かい、嫌われても進んでいくリーダーなのです。

それらを乗り越える力。それがこれからのリーダーに求められる挫折の力です。

私達はこれまでに経験した挫折を放置していないでしょうか。大きな挫折をし、それでもそこから立ち上がって今があること、そうした記憶はあなたがリーダーとして「理」を優先して決断をする際の力になることでしょう。

書籍『リーダーの「挫折力」』では「挫折力」とは「挫折を愛し、乗り越え、活かしていく力」と定義しています。過去の挫折を活かし、これから経験する挫折へ恐れず向かう、そんな挫折力を意識した強いリーダーに成長していきたいものです。

肆ノ型　鱗滝左近次《うろこだきさこんじ》・冨岡義勇《とみおかぎゆう》の腹を切る覚悟から学ぶ！リーダーの覚悟

このページでは、

☑ メンバーのパフォーマンスを上げたいリーダー
☑ メンバーに真剣さが伝えられないリーダー

そのような方々へのヒントとして、「リーダーに求められる覚悟」について考えます。

〃もしも禰豆子《ねずこ》が人に襲いかかった場合は竈門《かまど》炭治郎及び鱗滝左近次・冨岡義勇が腹を切ってお詫び致します〃

『鬼滅の刃』６巻　第46話　65頁

これは、禰豆子を助けるために、炭治郎の育手《そだて》である鱗滝左近次が産屋敷耀哉《うぶやしきかがや》へ送った手紙の言葉です。

鱗滝、そして義勇の、炭治郎と禰豆子を信頼する気持ちと、壮絶な覚悟が伝わってきます。命をかけて守ってくれた義勇のこの思いを、炭治郎は生涯忘れないことでしょう。

「覚悟」が周囲に強く影響する。これは、私達の日常あるいは職場においても感じていることではないでしょうか。

職場でいえば上司部下の間で、私達の持つ覚悟は周囲に大きな影響を及ぼしています。

人は「覚悟」を本能的に察知している

私達は目の前の相手の言葉だけでなく、言動含めての責任感、本気といった「覚悟」を本能的に察知しています。

炎柱　煉獄杏寿郎《れんごくきょうじゅろう》のように「俺は、俺の責務を全うする」という言葉の通り、命がけで周りの人を守る姿勢には、みなさんも彼の覚悟を感じたはずです。

上司が口先では「何かあったら自分が責任を取る」と言っても、そのあとの行動が違ったものであれば、周りの人はやる気がないと感じることでしょう。

私達には、炭治郎の嗅覚、善逸の聴覚、伊之助の肌感覚のような、他人の覚悟を感じ取る優れた感覚があります。熱心に取り組む姿勢からその人の本気を感じ取れますし、口数が少ない人であっても責任感ある行動をしていれば、誠実さを感じることができます。

その人の言葉と行動が一致しなければ、違和感を感じたり、嘘を言っていると不信感を抱きます。また、たとえ言動が一致していても、相手を信じきれない何かを感じることもあるでしょう。

いざトラブルになると責任逃れをするのではないか、騙されているのではないかと感じ、本当にそうなったこともあるはずです。

だからこそ、私達は周りの人の覚悟に対する直感を大切にします。

職場における「覚悟」の影響

職場においても「覚悟」は大きな影響を及ぼします。リーダーが仕事に本気で取り組む姿勢を見せれば、周りもそれを感じて一緒に頑張ってくれます。

逆に、責任感がないと感じる上司に対して、メンバー・部下は信頼を寄せませんし、そうなるとチームとしてのパフォーマンスも上がりません。

この話は日本だけに限りません。海外で働く日本人駐在員は仕事に対する覚悟がより重要になると言われます。これは言語・文化・慣習が異なり、言葉で伝えられる限界もあるために、より一層リーダーの仕事に対する姿勢が注目されるからです。

駐在員は数年で異動することが多いので、現地社員の方々からすれば、

「この日本人上司も景気の良いことを言っているが、来年には日本に帰るんだろうな」
「口ではこう言っているけど、最後までやりとげる意思があるのかな」

という目で見られます。

三〜四年で駐在員は入れ替わり、彼らの言うことがコロコロと変わるわけですから、これは当然のことと言えます。日本国内においても、各地への異動を伴う金融系の業種や、ジョブローテーションによって複数部門を異動する場合にも同様と言えます。

ビジネスの現場でも「周期からいえば、うちの社長もあと一〜二年ですからねぇ」、「あの上司も来年にはいないだろうから」という言葉が聞かれます。この後には「だから、今やってもしょうがない」という言葉が隠れています。実際に最後だからといって自分の好き放題にやる社長や上司も多くいるので、周りの人が巻き込まれて、このような考え方をするわけです。

一方で、リーダーや会社の立場からすれば、社長・上司の任期が終わりに近づくほど、メンバー・部下の行動力が落ちてしまうという損失があります。これは上の「覚悟」のなさが、下にネガティブな影響を与えるわかりやすい例です。

上の人間が、自分がいなくなった後のことも考えて準備を進め、本気で取り組む姿勢を見せれば、「覚悟」を感じたメンバー・部下たちも最後まで一丸となって協力してくれることでしょう。

まとめ

さて、これを読んでいるリーダーであるあなた自身はどうでしょうか？　きっとあなたも、周りの人の覚悟を意識的・無意識的に見て、聴いて、感じているはずです。

そして、それはあなた自身にも言えることです。あなたも、周囲から覚悟を見られ、聴かれ、感じられています。そして、それによってチームのパフォーマンスが影響を受けています。

以下に、リーダーとなるみなさんに、自身の「覚悟」について考えて頂きたい問いをまとめます。

- あなたは何を実現したいリーダーなのですか？
- なぜ、それを実現したいのですか？
- あなたが部下に、本当に伝えたいことは何でしょうか？
- あなたのいかなる言動から、それは、伝わっていくでしょうか？

●あなたはどれくらい「覚悟」をしていますか？

日々、部下と向き合う一人のリーダーとして、これらの問いに向き合って前進していきましょう。あなたの覚悟が、あなたの周りを変え、チームのパフォーマンスの向上につながります。

伍ノ型　鬼殺隊の柱から学ぶ！リーダーに必要な分かりやすさ

このページでは、

☑ **何を考えているか分からないと周りから思われてしまうリーダー**
☑ **はっきり意見が言えないリーダー**

そのような方々へのヒントとして、「リーダーに必要な分かりやすさ」をお伝えします。

冨岡義勇《とみおかぎゆう》は、言葉足らずでコミュニケーションをとるのが苦手な印象で、その不器用さ、分かりづらさにクスリときてしまいますが、多かれ少なかれ私達自身も、同様の分かりづらさを抱えているかもしれません。また、この分かりづらさが、私達の職場で色々な影響を及ぼしているかもしれません。

そもそも、私達、日本人は「分かりづらい」

実は、私達日本人は、分かりづらい国民性のようです。異文化マネジメントに焦点を当てた組織行動学を専門とするエリン・メイヤー氏は、「コミュニケーション」について、ハイコンテクスト・ローコンテクスト、という軸で分析しています。

コンテクストは、「文脈・背景」といった意味です。ハイコンテクストとは、すべてを言葉にせずとも分かり合うことが良いコミュニケーションのことです。ローコンテクストとは、シンプルで、明快で、曖昧さがないことが良いコミュニケーションのことです。つまり、ハイコンテクストでは、言外のものを読むことが多く、ローコンテクストでは、直接的な言葉から判断することが多い、ということになります。

さて、この分析において、最もハイコンテクストな国とされたのは、日本です。私達日本人は、世界で、最もあいまいで、間接的で、空気を読む、ハイコンテクストな民族のようです。つまり、そもそも私達日本人が「わかりづらい」という国民性を持っています。

日本は、天皇制というひとつなぎで語れる二千数百年の歴史があり、単一に近い民族であり、海で国境が分かれているという島国です。上記の背景から、日本には、同一の歴史や考え方が浸透していく余地が十分にあったということでしょう。

一方、最もローコンテクストとされるアメリカはどうでしょうか。

コロンブスに代表されるヨーロッパの開拓者がアメリカ大陸に到着したのが西暦一五〇〇年頃。なので、最長で五〇〇年程の歴史ですね。そして、ご存じのように、人種のるつぼといわれる様々な文化的背景を持った人たちが住んでいます。イギリス系、ドイツ系、イタリア系、スペイン系、ラテン系、アフリカ系など…入り乱れているわけです。

確かにこういう環境では、

「曖昧さを排してきちんと伝えるべき」

「伝えない方が悪い」


という考え方になるであろうことも納得ではないでしょうか。確かに日本では、「背中で語る」、「阿吽の呼吸」、「一を聞いて十を知る」という言葉が、美しいもの、良いものとして、語られています。つまりこれは、「言わないでも通じ合うことが理想である」という価値観です。「職人さんが背中で語る」ということは、同じ文化圏を共有している人でないと通じません。日本からの海外駐在員が

「俺は背中で語る…いつか分かってくれるはず」

というマネジメントスタイルを貫いた結果、部下のナショナルスタッフの方達がどんどん辞め

ていくなどということも、実際によく聞く話です。

ハイコンテクスト、ローコンテクストは、どちらが良い悪いという話ではないでしょう。それぞれの歴史に根付くもので、どちらも尊いものです。

一方で、国によって様々な価値観があるということ、自分と異なる価値観が世の中に存在しているということ、我々日本人は他人から見て、実は義勇のように分かりづらいのかもしれないということは、知っておく必要があるでしょう。

同じ日本の中でも、考え方の違いから、相手に伝えることができていない、分かりづらい、すなわち、「富岡義勇状態」になっていることが、実は多くあるのではないでしょうか。

イメージしやすいのはジェネレーションギャップです。バブル世代、氷河期世代、ゆとり世代、さとり世代など…と言いますが、この世代間においても、かなり価値観に違いがあります。

・夜中までかかってでも、仕事はやり遂げるものだ。
・上司が飲みに行くといったら、一緒に行くものだ。
・仕事には情熱を注ぐものだ。
・同じ会社にずっと働き続けるべきだ。転職するのは良くないことだ。

昔は当たり前でしたが、今は当たり前でない価値観も沢山あります。みなさんは自分と一回り、二回り違う世代の方々と、「阿吽の呼吸」ができていますか？　結構、難しい場合もあるのではないでしょうか。

みなさんが部下を持つ方だとして、ご自分と部下の関係性を考えながら、以下の胡蝶しのぶと義勇のやりとりを、改めて、見てみてください。

しのぶ〝そんなだから　みんなに嫌われるんですよ〟

義勇〝俺は　嫌われていない〟

しのぶ〝あぁそれ…　すみません
嫌われている自覚が無かったんですね〟

『鬼滅の刃』6巻　第44話　10頁

「もしかしたら、自分も同じようなことを起こしているかも」という姿勢の方が健全かもしれません。また、その姿勢の方が万が一何かが起きかけた際に、すぐ気づけるのではないでしょうか。これは「人の話を聞く」、という行為と似ているかもしれません。「自分は一〇〇％相手の話を聞けている」と思った瞬間に、聞こえなくなるもの、失うもの、手の平から零れ落ちるものがあるものです。

では、どうしたらいいのでしょうか。これについても、鬼滅の刃の登場人物から学んでみましょう。

煉獄杏寿郎　分かりやすすぎる位の明快さ

まずは、煉獄杏寿郎《れんごくきょうじゅろう》です。

杏寿郎の発言を聞いて、「この人って、口ではこう言っているけど、本音は違うんだろうな……」とは思わないですよね。

実際の仕事において、「上司は口ではこう言っているけど、本音はきっとこうなんだろうな……」みたいな忖度に、いったいどれくらいの時間とエネルギーが費やされているでしょうか。

また、上司の指示が明確でなくて、部下からすると何をしていいか分からないということもあるかもしれません。

元マッキンゼーのコンサルタントの赤羽雄二氏は、その著書『世界基準の上司』の中で、こう書いています。

「多くの上司があいまいな指示しかせず、上司が何を求めているか部下が察するべきだとでも考えているようだ。

部下は上司に比べて数分の一以下の情報にしか接することができないし、上司の気持ちなどわかりようもないので、想像ベースで仕事をすることになる。

その間のストレスは並大抵のものではない。当然のことだが、手探り状態で推察して、上司の希望するように仕上げることは到底できない。」

曖昧さを排した分かりやすいコミュニケーション・指示は、あなたの部下のエネルギーを仕事そのものに全集中させるでしょう。そして、誰に対しても裏表がないということは、目の前の人を大切にしている、というメッセージとして、周囲に伝わるでしょう。

最近では、そんなに分かりやすい方も少ないかもしれませんが、社長に対しては、こびへつらっているのに、部下に対しては横柄な人だと、周囲の信頼を得にくいでしょう。

ただ、だからといって、すべて本音を言えというわけでもないのが、世の難しいところです。

例えば、部下が、質の低い資料を持ってきたときに、

「お前、本当に使えないな。この資料全然使えないから捨てるわ」

と本当に思ったからといって、相手にそれを伝えて、物事がうまく進むわけではありません。

このような場合は、例えば、以下のようなことを、自分の言葉で相手に伝える必要があるかもしれません。

「この資料は、君が努力してつくってくれたところ申し訳ないが、お客様に出すわけにはいかない。今から、何がよくないのか、どうしたらいいのかを伝えていくので、一緒に作らない

か。厳しいことも言うかもしれないし、自分のふがいなさに打ちのめされるかもしれない。でも心を燃やせ。歯を食いしばって前を向け。そしていずれは君がチームを支える柱となるのだ。俺は信じる。君を信じる。」

このセリフはすべてが本心でないかもしれません。しかし、嘘と本音は、明確に二つに分けられるものではなく、境界なく、連続した一体のものともとらえることができます。こうありたいと思い、言葉にし、相手に伝える中で、それはいつしか自分の本当の本音になっていく、そんなこともあるのではないでしょうか。

宇髄天元　自分の価値観を明言しよう

続いて、宇髄天元《うずいてんげん》です。天元は、派手な物事を好み、大事にしています。そして、日々の言動を通じて、自分が派手好きだということを周囲に伝えています。煉獄と同じく、周囲に伝わりやすい、分かりやすさと言えます。

ビジネスにおいては、日々の膨大な仕事を上司はすべて逐一指示・命令をして回すわけにはいきません。小規模なチームで上司が身を粉にして働きまわれば、それもできるかもしれませんが、管掌範囲が広くなればなるほど、部下が増えれば増えるほど、すべてを指示することはできなくなります。

だとすれば、あなたが指示しなくとも、あるいはあなたがいなくともチームが前進していくためには、あなたの価値観や、判断基準を部下に伝えていく必要があります。

あなたは、リーダーとして、自分の価値観を周囲にどれくらい伝えられていますか？

反面教師　鬼舞辻無惨　事前に言っておけば…

さて、最後は反面教師の事例として鬼舞辻無惨《きぶつじむざん》を挙げます。無惨のパワハラ会議で、下弦の月は「そんなことを俺たちに言われても…」と思っていますが、これはまさに本音ですよね。

もしも事前に、無惨が以下のように言っていたら、未来は変わっていたかもしれません。

無惨「一年内に結果が出なかったら、下弦の月を解体します。端的に言えば、殺します」
無惨「これを避けたければ、①鬼殺隊当主の居場所を見つける、②青い彼岸花を見つける、③鬼殺隊の柱のいずれかを殺す、のどれかを達成しなさい」
無惨「もしリソース（血）が欲しい場合は応相談です。貴重なリソースなので、私が面接をして、良いと私が判断したら支給します」

こんな無惨を見たいかどうかはさておき、無惨がこのスタンスだったら、結末は変わっていたかもしれません。

まとめ

日本ではわざわざ言葉にしなかったり、細かいところまで説明しない仕事の進め方が普通になっています。普段、意識することは少ないですが、これはメンバーに理解を頼っている部分が多いということでもあります。多様性が叫ばれる現代において、個々人の考え方はそれぞれ異なり、指示の受け取り方や理解もバラバラです。加えて、ビジネスにおける情報量が増え、チームでの対応量・行動量が必要になる現代において、チーム内ではより正確なコミュニケーションが重要になります。

リーダーはチームメンバーにとっての道しるべでもあり、分かりやすい存在であるべきです。

日本人は世界で一番分かりにくい民族なので、分かりにくさを自覚し、メンバーへの関わりを変えていきましょう。

~令和コソコソ噂話①~

『鬼滅の刃』と鬼と疫病について

十二鬼月の名前や人物像がかつて流行った疫病が由来であるという説があります。
もしこの説が正しければ、コロナ禍で『鬼滅の刃』という物語が流行ったことに因果を感じずにはいられません。

上弦の壱　黒死牟《こくしぼう》……由来：黒死病（別名ペスト）

名前が酷似している。多くの死者を出した感染症であり、上弦の壱にふさわしいといえます。

上弦の弐　童磨《どうま》……由来：結核

童磨の肺にダメージを与える技と、肺病である結核が類似しています。

上弦の参　猗窩座《あかざ》……由来：麻疹（別名　赤斑瘡《あかもがさ》）

名前が酷似しています。

上弦の肆　半天狗《はんてんぐ》……由来：ハンセン病

半天狗の外見はハンセン病の症状に類似しています。

上弦の伍　玉壺《ぎょっこ》……………由来：アメーバ赤痢

玉壺は水を使った攻撃をしていたことから、水を介して感染するアメーバ赤痢との類似性があります。

上弦の陸　妓夫太郎《ぎゅうたろう》／堕姫《だき》……由来：梅毒

堕姫の人間時代の名前は、梅。母親の病名から名付けられたとされています。また、妓夫太郎の歯は、ボロボロですので、梅毒の症状ではないかと推測されます。

大正時代では、ウィルスなど存在がまだ知られていないために、存在がわからない災いのことを「鬼」と呼んでいたのかもしれません。つまり、『鬼滅の刃』とは、人間とウィルスの戦いを描いており、現代のコロナウィルスとの戦いそのものに置き換えられるかもしれません。

人間は昔から疫病と戦い、勝ち残ってきた歴史があります。そして、コロナウィルスという未曾有の危機に瀕している我々は、炭治郎達のように、どんなに打ちのめされようとも諦めずに戦い続ければ、必ず平和な世の中が訪れるということを教えてくれている気がします。

〝どんなに苦しくても
前へ　前へ　進め　絶望断ち

失っても　失っても　生きていくしかない
どんなにうちのめされても　守るものがある〟

鬼滅の刃挿入歌　竈門炭治郎のうた　作曲　椎名豪

チームリーダーはチームメンバーという守るべきものがあり、仲間がいます。
リーダーの仕事は大変かもしれませんが、様々な困難も、仲間とともに戦い続ければ、必ず笑って振り返ることができる時がきます。

第弐章
部下育成の呼吸

壱ノ型　産屋敷耀哉《うぶやしきかがや》から学ぶ！信頼関係を構築してやる気を出させる方法

このページでは、

☑ メンバーから信頼される方法を理論的に知りたいリーダー
☑ メンバーのやる気を高めたいリーダー

そのような方々へのヒントとなる「メンバーとの信頼関係を構築してやる気を出させる方法」をお伝えします。

産屋敷耀哉は、鬼殺隊を統率するリーダーです。個性派で一癖も二癖もある柱達が、例外なく耀哉を尊敬し、耀哉のためにやる気を出して戦います。このようにチームメンバーにやる気を出してもらうためにはどうしたらいいでしょうか。

アルダファーのERG理論

人にやる気を出させることを考える上で、アルダファーのERG理論にヒントがあります。

アルダファーは、人間がどのようにモチベーションを高めるのかを研究した結果、マズローが提唱した欲求5段階説を発展させ、人間の欲を三つに集約しました。

生存欲求　Existence　　安心・安全を求める欲求
関係欲求　Relatedness　認めてもらいたい欲求
成長欲求　Growth　　　可能性を追求したい欲求

相手の三つの欲求を満たすことでモチベーションを高めることが可能とする考え方です。ここでは、特に、関係欲求と成長欲求について考察していきます。

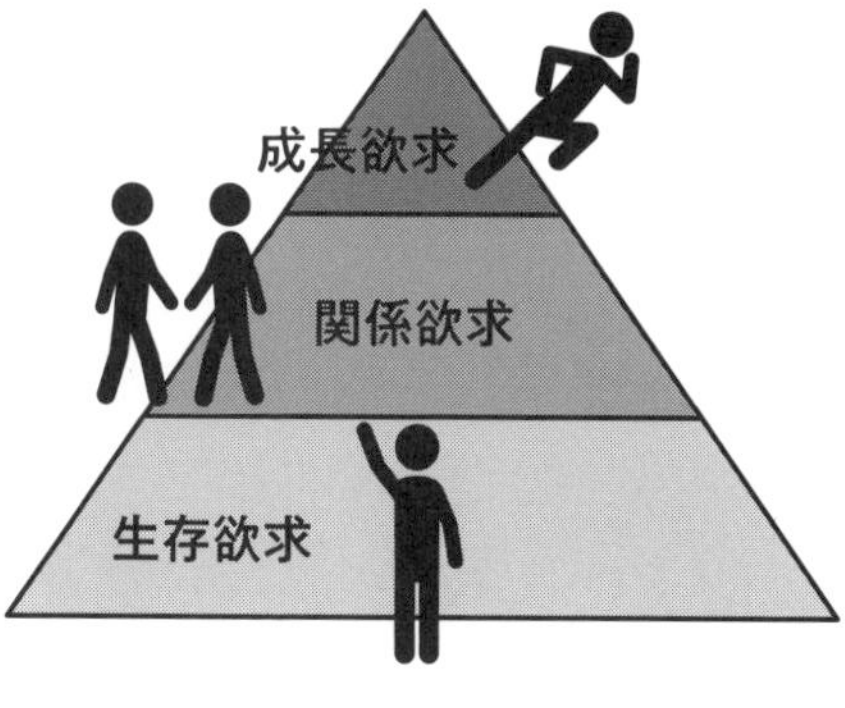

関係欲求

そもそも、モチベーションを高めてもらうためには、あなた自身がメンバーから信頼されている必要があります。信頼できる人間でないと、そもそも正しいことを言ってもなんら響かず、相手の行動を変えることは不可能だからです。

まずは信頼される人間になるために、関係欲求を満たしましょう。人は誰しもが、自分が認めてもらいたいと思っています。そして、自分が認められると相手を認めようとします。これを好意の返報性といいます。

従って、人に認められたいと思ったら、まずはあなたから相手を認めることが重要です。

耀哉は、自らの個性に悩んでいた甘露寺蜜璃《かんろじみつり》に以下のように話しかけました。

〝君は神様から特別に愛された人なんだよ　蜜璃
自分の強さを誇りなさい
君を悪く言う人は皆　君の才能を恐れ
羨ましがっているだけなんだよ〟

『鬼滅の刃』第14巻　第124話　172頁

今まで認めてくれる人がいなかった蜜璃は、耀哉の言葉を聞いて、泣き崩れました。きっと耀哉に一生付いていこうと心に決めたことでしょう。

リーダーが、信頼できる人間でないと、メンバーのやる気は高まりませんので、まずは関係欲求を満たすコミュニケーションを心がけます。

認めてあげるためにできること

それでは、相手を認めてあげるために、具体的にどのようなコミュニケーションをしたら良いでしょうか。

その答えは、「聴く」ことです。相手のことを知るために、とにかくいろいろ「聴く」ことです。自分が相手に関心があることを理解してもらいます。また、相手の関心があることに共感をしてあげます。このようなことを繰り返すことで、相手は自分のことを認めてくれる存在であり、信頼できる人間であると認識するようになります。

鬼殺隊を統率する耀哉は、鬼殺隊隊員の名前を全員覚えています。隊員一人ひとりを大切に扱い、そして、隊員に話しかけ、関心をもって質問し、共感します。

音柱の宇随天元《うずいてんげん》は、一族争いで壮絶な人生を歩んできました。

そんな天元の話を聞いた耀哉は、天元が味わった気持ちに感情移入して以下のような言葉をかけました。

〝つらいね天元　君の選んだ道は
自分を形成する幼少期に植えこまれた価値観を否定しながら
戦いの場に身を置き続けるのは苦しいことだ〟

『鬼滅の刃』10巻　第87話　156頁

どんな相手にも共感する耀哉の姿勢が、鬼殺隊員から慕われているのです。理想的な組織の人間関係といえるでしょう。

成長欲求を満たす

続いて、信頼関係を構築したメンバーのやる気を出させるために、成長欲求を満たしましょう。人は、誰しもが成長したいと思っています。

この成長欲求を満たすために、人が実際に行動を起こすのはどんな状態のときでしょうか。

それは、

①自信がある状態
②他人から期待されていることを実感する状態

になります。

この二つが満たされれば、成長したいと思い、実際に行動を起こします。この二つを満たすためにすべきことは、相手の成長の可能性を信じ、期待を言葉として伝えてあげることです。

炎柱の煉獄杏寿郎《れんごくきょうじゅろう》がまだ柱になる前で実力を周りから認められていないとき、耀哉だけは、杏寿郎のことを信じて、以下のような言葉をかけています。

〝君の実力を示しておいで　杏寿郎〟

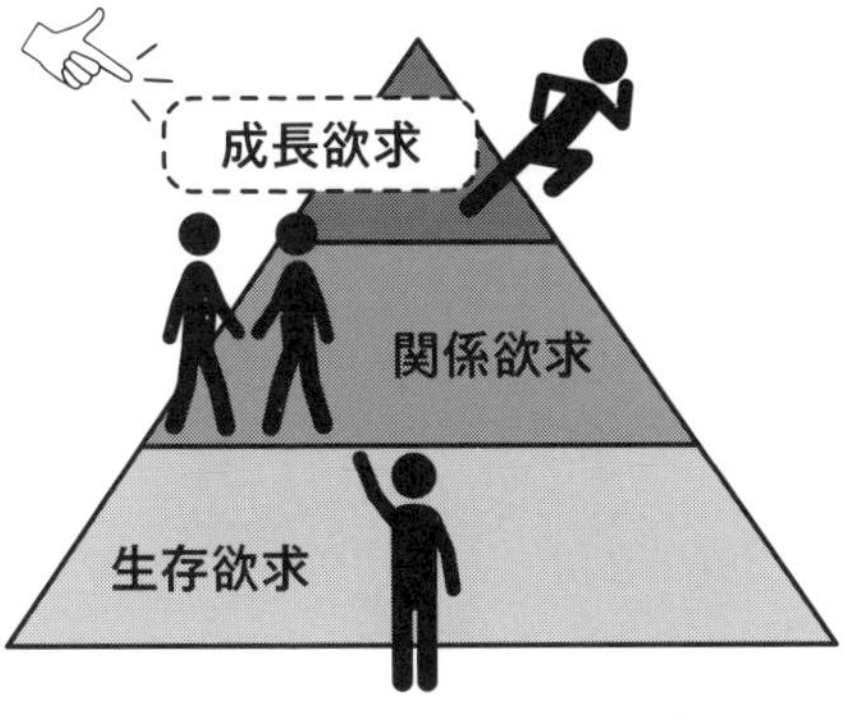

〝勘というより確信に近いものを感じるんだ　あの子は近いうちに鬼殺隊の運命を変えてくれる一人になる〟　煉獄杏寿郎

『鬼滅の刃【外伝】』　煉獄杏寿郎外伝〈前編〉１０７〜１０８頁

そして、この後、杏寿郎は、実際に十二鬼月《じゅうにきづき》を倒し、実力を認められ、柱に昇進しました。人は他人から期待されると成長欲求に火をつけられ、大きな成果を成し遂げるきっかけになるのです。

また、何か成功をしたら、「すごいね！よく頑張った！これができたのなら、こんなこともできるかもね」と褒めて、そのうえで、期待を言葉で表現しましょう。そうすると、もっと頑張ろうと思い、どんどんできることが増えていくでしょう。気づいたら、何も言わなくても新しいことにチャレンジする自主性もついてくるはずです。

弐ノ型　水の呼吸から学ぶ！部下に合わせた柔軟なほめ方

このページでは、

- ☑ 部下のやる気を出させたいリーダー
- ☑ 周りの人と距離感を感じているリーダー

そんな方へのヒントとなる、「モチベーションアップにつながるほめ方」をお伝えします。

鬼滅の刃を語るうえで外せない要素として「呼吸」と「型」があります。剣技の流派が「呼吸」、技が「型」といったイメージですね。その中でも今回は、主人公である炭治郎や人気キャラクターである富岡義勇《とみおかぎゆう》など、作中でも多くの登場人物が使用する「水の呼吸」と「型」に注目したいと思います。

水の呼吸の特徴として「型」の種類が豊富なことが挙げられます（拾《じゅう》を越える型を持つのは

水・月・日の呼吸のみです）。また「弐の型改横水車」といった応用技も見られます。

型が多いということは様々な状況に対応しやすいことを意味します。また、「できることが増える」だけでなく、状況に応じた選択の幅を広げられるため、「すでに持っている型をより活かせる」効果も期待できます。多彩な「型」を持っているとやりやすい一例として「ほめる」という行動があります。そこで今回は、多彩なほめ方がチームメンバーとの人間関係に有効であることをお伝えすべく、部下や後輩の個人差・状況に応じた「ほめ方」に着目してみます。

ほめることで部下・後輩を認め、モチベーションを上げる

ほめることはモチベーション管理の面で重要な要素です。誰でもほめられると嬉しいものですし、自信がついたり、やりがいを感じたりします。このように他人からの外的動機づけにより、やる気、内的動機づけが高まることを「エンハンシング効果」と呼びます。これについてはアメリカの発達心理学者エリザベス・ハーロック博士による実験が有名です。

この実験は子供たちに算数のテストを五日間受けさせ、その結果に対する先生からのフィードバックを「ほめる」、「叱る」、「何も言わない」の三グループに分け、成績の推移を確認するものでした。結果としては、ほめた子供は日増しに成績が向上し、叱った子供たちの成績は最

初は上がったものの最終的に下がり、何も言わなかった子供たちは変化が少なかった、というものでした。

一昔前の怒ったり叱咤激励するやり方は、部下を委縮させてしまって逆効果になったり、メンタル不調を引き起こしたりとマイナス面が目立ちます。継続的にチームの成果を上げていくためには、部下をほめて伸ばすことが効果的と言えます。

ほめるのは難しい

ですが、いざ誰かをほめようとすると意外に難しいものです。ほめるタイミングの見極めが難しかったり、気恥ずかしかったり、人によって様々なハードルがあります。また、ほめ言葉が思いつかなかったり、不自然なほめ方になることもあります。そういう意味で一番取り組みやすいのは「成果を上げたときにほめる」ことです。タイミングも掴みやすいですし、ほめる言葉も「がんばったね！」「やったね！」とイメージしやすいです。

〝よく生きて戻った!!!〟

『鬼滅の刃』2巻　第9話　36頁

炭治郎が最終選別を終えて戻ったときに、鱗滝が涙ながらにほめたように、自分自身の感情を乗せやすいのも特徴です。ですが、この型だけしか持っていないと、ほめるタイミングは成果が出た後だけに限られてしまいます。様々な状況下で成果を出し続けるためには、取り組むモチベーションを上げるほめ方も重要になります。

ほめる型を増やそう

こんなときにこそ「型」を増やすことを意識してみましょう。例えば「性格・技能・気遣いなどをピンポイントにほめる」型ができるようになれば、モチベーションをアップさせる場面を増やせるようになり、成果の向上が期待できます。

「いつも頑張ってるよね」「お客様への対応を丁寧にしてくれているよね」といった言葉をかければ、部下や後輩もまたほめられたいと感じ、より一層頑張ろうと思います。蟲柱　胡蝶しのぶは修行中の炭治郎の頑張りをほめていました。成果を出すための過程をほめることはやる気アップにつながります。

「ほめるポイントを付箋に書いて、その人の机に残しておく」という型を持てば、ほめたい人がその場にいないときでもほめることができます。口でほめられるより、紙や付箋など残る形でほめられる方が喜ぶ人も意外と多かったりします。

直接ほめることが成果へのプレッシャーになってしまう人もいるので、「その人が聞いていないところで、他の人を介して間接的にほめる」といった型を持てば、より対応力が高められます。

このように、ほめる型＝うち手を増やすことで、ほめるチャンスを増やし、成果を上げやすくなります。職場の雰囲気や人間関係が改善し、活性化に繋がることも期待できます。

これらの型の使い分けができるようになれば、すでに持っている型をより効果的な場面で使うこともできますし、組み合わせれば大きな効果も見込めます。型を増やしていくことは部下の能力を大きく飛躍させることにも繋がるのです。

「水」の心を意識する

今度は視座を上げて、水の呼吸の起源である「水」にも注目してみましょう。型の多様性に象徴されるように、水は「どんな形にもなれる」ことが特徴です。鱗滝は水の特質を以下のように表現しています。

〝水はどんな形にもなれる。升に入れれば四角く、瓶に入れれば丸く。時には岩すら砕いてどこまでも流れていく〟

『鬼滅の刃』3巻　24話　164頁

炭治郎が水の呼吸を水中や空中、足場の悪いところでも使っていたように相手や状況に合わせて適切な対応ができることがその真髄なのです。この心を「ほめ方」に応用できれば、よりよいリーダーとして人の上に立つことができるでしょう。

まとめ

社会にはいろいろな価値観・考え方の人がいます。人によっても適切なほめ方や刺さるほめ言葉は違います。

しのぶは相手によってほめ方や応援の仕方を変えていました。愚直に努力する炭治郎を励まし、プライドの高い伊之助の自尊心に火をつけ、女性好きの善逸には男心をくすぐるほめ方をしていました。また、「こんなことができるなんて凄いね」といったように個人の力に注目したほめ方より、「あなたがいてくれて良かった」というような存在感に重きを置いたほめ方が刺さる人もいます。

ほめ方にしても単純に回数を増やせば良いというわけではありません。今まで何も言われなかったのに、急に上司や先輩からほめられても、薄っぺらに感じられて警戒されてしまうかもしれません。

だからこそ、相手や状況に合わせて、適切なタイミングを見極めてほめることが大切になります。ほめる相手と距離感があり、自分自身も普段からほめ慣れていないようでしたら、相手が落ち込んでいるときに付箋で応援の言葉を残して、小さいお菓子を添えてみるのも良いでしょう。

型を増やしながらも、状況・環境に合わせて対応を変える、柔軟な「水の呼吸」を忘れないようにすることが肝要です。

参ノ型　悲鳴嶼行冥《ひめじまぎょうめい》から学ぶ！ ＯＪＴの基本

このページでは、

- ☑ 部下の教え方が確立していないリーダー
- ☑ 経験の浅い部下を育てなければならないリーダー
- ☑ 部下に早く成長してほしいと思っているリーダー

そのような方々へのヒントとなる「ＯＪＴの基本の型」をお伝えします。

悲鳴嶼行冥の柱稽古

物語の終盤で鬼殺隊の悲願、鬼舞辻無惨《きぶつじむざん》の打倒を果たすべく、鬼殺隊隊士の実力を底上げするため、隊士のトップ、柱達による厳しい修業が行われます。岩柱である行冥の修行の一つは、なんと背丈を超える大きさの岩を一町先まで押して歩くというものです。しかし、そもそも岩を押して動かせる隊士がほとんどいません。どのように体に力を入れればよいか、どう取り組めばいいか、やり方やコツらしきものは一切伝えずに隊士にやらせる行冥。そんな行冥の姿からＯＪＴについて学びます。

ＯＪＴ、指導する人間の悩み

「なかなか思った通りに仕事を進めてくれない」、「成長してくれない」といったように、新人教育は悩みの種になりやすいです。

人の教え方なんて学校では習いません。ですから、知らず知らずに、これまで自分が受けた教育や自分が知っている人の教え方を参考にして、なんとなく手探りで実践している方が多いと思います。

抽象的な指示ばかり、具体的な指示ばかりでも良くない

「どこまで指示すれば良いんだろう」。教える人にとってこの悩みは多いと思います。

あるアンケートでは、部下が上司に感じるストレスの第一位は「指示が曖昧」なことという

結果が出ました。

ならば、細かく指示をすればするほど良いのでしょうか。それも少し違う気がします。実際の職場を想像すれば一挙手一投足何でも具体的に指示していたら、こちらの仕事が進みません。また、すべて教えてもらって当然という認識の社会人を作り上げてしまうでしょう。例えば、ミスをしたとき「こういうパターンは教わってません（教えていないあなたのせいです）」なんて言ってくる社会人になってしまったら目も当てられないでしょう。

ほどよい指導法

抽象的な指導と具体的な指導を混ぜ合わせたＯＪＴの例が鬼滅の刃に出てきますので、見てみましょう。

岩柱の悲鳴嶼行冥が隊士に指導するシーンです。

①訓練の目的と方向性をまず教えます。

〝最も重要なのは体の中心…足腰である〟

〝強靭な足腰で体を安定させることは

正確な攻撃と崩れぬ防御へと繋がる〟

『鬼滅の刃』16巻　第134話　9頁

②その後、実際に修行をさせます。

・滝に打たれる修行
・丸太を担ぐ修行
・岩を押す修行

③なかなかうまくいかない部分が出てきます→これが「肝」です。

行冥の修行に参加した炭治郎は、岩を押す修行がなかなかうまくいきません。自分で考えて、試行錯誤をします。そして、人に聞いて解決のヒントを得ます。

そして、とうとう炭治郎は岩を動かすことができるようになりました。実はこのステップの教え方が、抽象的な指導と具体的な指導の間のほどよいやり方なのです。

①基本的な方向性や要点を指導
②実際に仕事をやらせてみる。
③分からないところがあったら質問させる。

③の部分は仕事の内容によって調整が可能です。「分からないことがあったらすぐに聞いて」や「まず自分で調べて分からないところは聞いて」などケースバイケースで指示を変えても良いでしょう。書籍『対話型ＯＪＴ』（関根雅泰、林博之　日本能率協会マネジメントセンター）によれば、基本的な方向性や要点を指導したうえで行わせ、その間にフィードバックの機会を設けて具体的な指示を出すのが良いとしています。

まとめ

抽象的な指示、具体的な指示、一つの仕事でどこまで教えればちょうどよいか、その答えは「仕事を任せ、そのフィードバックを受けるタイミングで具体的に指示を出す」です。

ＯＪＴは本来とても価値のある指導方法です。一通りの知識を教えて終了となるＯｆｆ－ＪＴとは異なり、現場での疑問をその場で解決してもらえます。解決しただけその人の現場での力が着実に身に付くのです。しかし、逆にそのＯＪＴの良さに気づかずに一から教えようとすれば教える側も教えられる側も生産性を下げてしまいかねません。

是非、ＯＪＴの基本を押さえ、①目的と方向性を伝える、②実際に仕事をさせる、③フィードバックの機会に具体的に教える、を実践し部下の育成とチームの生産性向上を目指しましょう。

肆ノ型　鬼舞辻無惨《きぶつじむざん》を反面教師に学ぶ！メンバーの自己効力感を引き出しチームを成長させる方法

このページでは、

☑ チーム全体の能力を底上げしたいリーダー
☑ 仕事のできないメンバーをどう教育したらいいか分からないリーダー

そのような方々へのヒントとなる話をお伝えします。

鬼舞辻無惨のパワハラ会議によって切り捨てられた下弦の鬼達。彼らは、いつも腹の中で上司の悪口を言ったり、柱に遭遇したら逃げようと考えていたり、具体的な現状を変える提案を提示できない鬼でした。鬼殺隊に次から次へと倒され、入れ替わり続ける向上心のない下弦の鬼に、嫌気がさした鬼舞辻無惨は下弦の鬼を解体しました。

さて、今回は、下弦の鬼のように向上心のない人は、組織やチームに必ず二割、不可避的に存在する法則があり、向上心のない人の成長をあきらめずにチーム全体として成長する方法はないのか、について考察していきます。鍵になるのは、劣等感を抱える人に対してどのように対処すればいいいかです。

パレートの法則

みなさんは、「パレートの法則」をご存じでしょうか。「パレートの法則」とは、イギリスの経済学者ヴィルフレド・パレートによって提唱され、「二：八の法則」「二：六：二の法則」とも呼ばれています。例えば、顧客全体の二割である優良顧客が売上の八割をあげているという法則です。

この法則は、すべての顧客を平等に扱うのではなく、二割の優良顧客を差別化することで八割の売上が維持でき、高い費用対効果を追求する戦略として利用されます。パレートの法則は、マーケティングなどにも適用でき、さらに経済以外の自然現象や社会現象まであてはまると言われています。

このパレートの法則について、組織にあてはめると、

上位二〇％が意欲的に働く
中位六〇％が普通に働く
下位二〇％がサボる

構造になると言われています。

これについて、働きアリの例が有名です。

働きアリの群れを観察してみると、よく働くアリと、普通に働くアリと、ずっとサボっているアリに分かれ、ぞれぞれの割合は、二：六：二になる。よく働くアリ二割を除外すると、残りの八割の中の二割がよく働くアリになり、全体としては二：六：二の割合になる。よく働いているアリだけを集めても、サボっているアリだけを集めても、やはり二：六：二の割合になる。

つまり、組織には、どうしてもサボりアリのような人が二割は必ず存在するということになります。

二：六：二の組織をどう成長させるか

無惨は、このサボりアリと判断した下弦の鬼を解体しました。しかし、働きアリの例で見ていただいたように、やる気のない下位二割を切り捨てたとしても、また下位の二割が現れるだけなのです。下位二割を切り捨てる行為は、短期的には生産性を高めるかもしれませんが、長期的には問題解決になりません。なぜなら、中位下位の人もいて組織が成り立っていることを無視しているからです。中位下位の存在を無視すると、中位下位のメンバーはやる気を失い、長期的には組織から去り、組織は崩壊してしまう恐れがあります。

従って、下位二割の存在が常にいることを前提に組織運営しなければならないのです。通常、パレートの法則においては、「上位二割に注力する」が正しい戦略ですが、組織が、①人間を扱うという特徴と②長期的な存続を目指すという特徴から、上位二割だけに注力するということは必ずしも得策ではないのです。

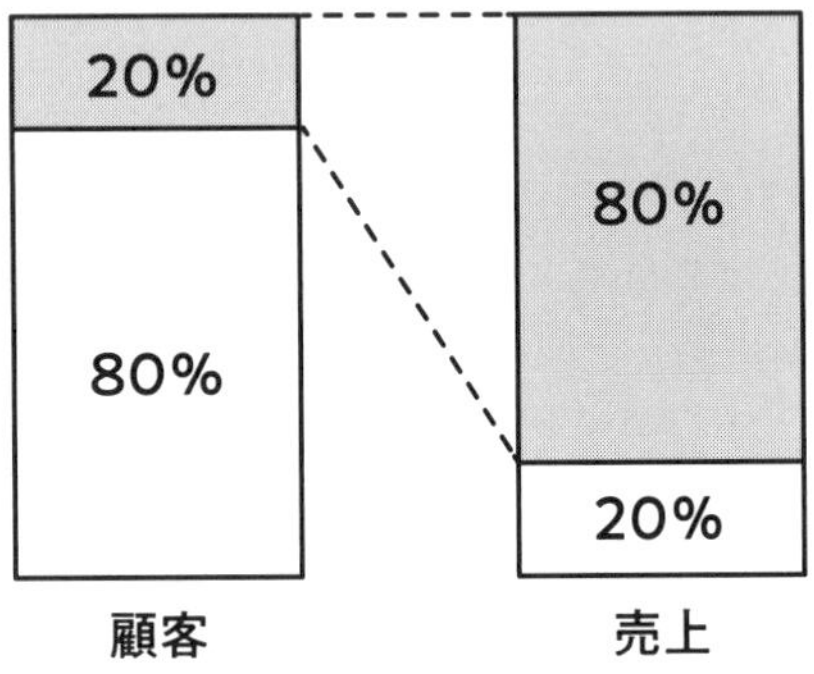

では、具体的に、組織としては、どう対応すべきでしょうか。

結論としては、下位二割も含めて平等に扱って組織全体の成長を図ることが、組織全体の成長につながります。上位中位の人を成長させるのはそれほど難しくないですから、成長意欲のない下位二割に意識を向けることを考えていきます（下位二割を重視するわけではありません）。

キーワードは、劣等感です。

下位二割にパワハラして成長意欲を削っていないか

では、下位二割の人がなぜ、成長意欲をなくしてしまうのかを考えてみたいと思います。

経営者や優秀なリーダーからすると、下位二割の人は、なぜ、上位二割の人と同じようにできないのかと思ってしまいがちですね。経営者や優秀なリーダーは、イライラして、罵倒したり、威圧的な態度をとったりして、下位二割の人に、劣等感を感じさせる行動を起こしてしまいます。

無慘のようなパワハラ的な発言です。

無惨　〝お前はいつも鬼狩りの柱と遭遇した場合
逃亡しようと思っているな〟

下弦の鬼1　〝いいえ思っていません‼
私は貴方様のために命をかけて戦います〟

無惨　〝お前は私が言うことを否定するのか？〟

『鬼滅の刃』6巻　第52話　183頁

無惨　〝お前はどのような役に立てる？〟

下弦の鬼2　〝貴方様の血を分けて戴ければ
私はより強力な鬼となり戦います〟

無惨　〝なぜ私がお前の指図で血を与えねばならんのだ
甚だ図々しい　身の程を弁えろ〟

『鬼滅の刃』6巻　第52話　188頁

このような言動を取ってしまうと、下位二割の人は、さらに組織に対して消極的で、批判的な態度を取り、全く成長してくれなくなってしまいます。プライドも傷つき、精神的にもズタボロで、やる気を失い、成長意欲なんて持てないのです。劣等感、疎外感を感じさせ、働かない状況を作り出しているのは、経営者やリーダーであるともいえるのではないでしょうか。まさに、下位二割の人が成長しない原因がここにあるのです。

下位二割がやる気を出す方法

下位二割の人は、周りが自分より優秀だったり、意欲的だったりすると、劣等感や疎外感を感じています。彼らがどのような状況に置かれているか理解していただいたところで、やる気を出して意欲的に働いてくれるための打開策を考えて行きましょう。具体的には、『自己効力感を感じてもらうこと』が挙げられます。

自己効力感とは、自分がある状況において必要な行動をうまく遂行できると自分の可能性を認知していることです。つまり、何か目標を達成しようとしたときに、自分がうまくできると予期できる感覚です。自己効力感があると、物ごとにポジティブな姿勢で行動を起こすことが可能になります。

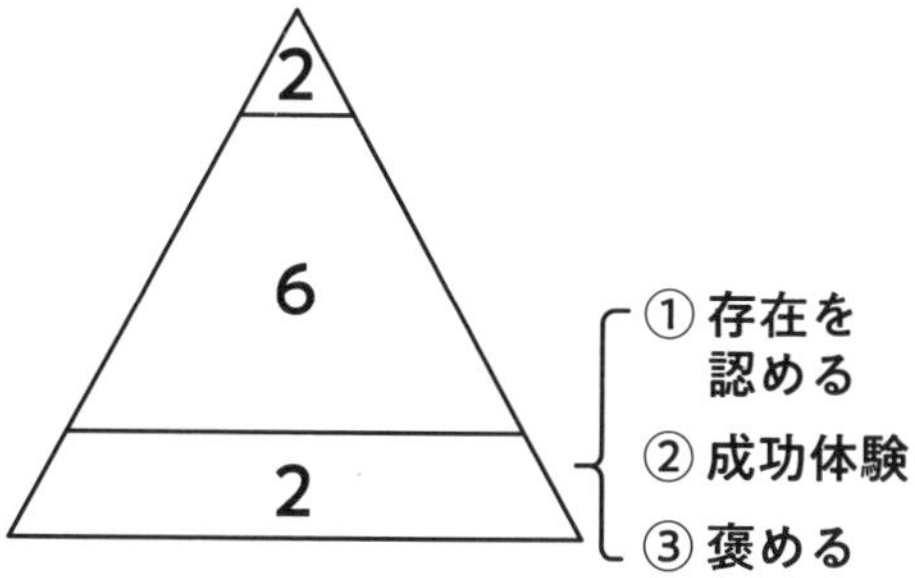

この自己効力感を感じてもらうためには、

①存在を認める
②成功体験を積ませる
③褒める

という関わり方をすることです。下位二割の人の存在を認め、強みを把握し、強みを活かせる仕事をお願いして、成功体験を積ませて、褒めるという関わりをします。このような関わり方をすれば、下位二割の人もやる気を出して働いてくれます。

炭治郎から学ぶ劣等感を抱える人のコミュニケーション

存在を認めるという点について、炭治郎が神崎アオイに対して見本となるコミュニケーションをとっているシーンがありますので、ご紹介します。アオイは、鬼殺隊員の治療や面倒を見る係として、炭治郎たちのサポートをしています。実は、アオイは、もともとは鬼殺隊の隊士でした。しかし、最終選別後、恐怖から鬼を狩ることができなくなってしまったのです。

〝あなたたちに比べたら私なんて

大したことはないのでお礼など結構です
選別でも運良く生き残っただけ
その後は恐ろしくて戦いに行けなくなった腰抜けなので〟

『鬼滅の刃』7巻　第53話　14頁

このようにアオイは、過去の失敗体験や周りの頑張っている鬼殺隊員との比較により、劣等感を抱えてしまいました。炭治郎は、そのような劣等感をかかえる神崎アオイに対して、積極的に話しかけ、彼女の存在や能力を認めるコミュニケーションをします。

〝そんなの関係ないよ
俺を手助けしてくれたアオイさんはもう俺の一部だから
アオイさんの想いは俺が戦いの場に持っていくし
また怪我したら頼むねー〟

『鬼滅の刃』7巻　第53話　14頁

この言葉を受け、アオイは、呆然としながら炭治郎を見送りました。自分を認められ、どれだけ自己効力感を感じられたかは想像にたやすいでしょう。下位二割の人も、当然人間。認められたいのですから、人として大切に扱うコミュニケーションをとることが組織全体を成長させる上で重要であることを炭治郎から学べます。

お館様がパワハラ会議で発言したら

パワハラ会議にお館様が出席していたら、鬼にどのような言葉をかけていたでしょうか。

「なぜそれ程までに弱いのかい？」ではなく、

「よく頑張ってるね、可愛い子供達。君はこういうところ優れているから、今度こんな任務お願いできるかい？」

きっとこのような言葉を発してくれるでしょう。このような自己効力感を高めるようなコミュニケーションができたら、鬼の組織はかなりレベルアップしたかもしれません。

まとめ

下位二割のメンバーに目を配ることで、チーム全体が成長する好循環が生まれるのです。下位二割の人がいたら、積極的に話しかけ、存在を認めるコミュニケーションをとってみたらいかがでしょうか。

チーム全体がステップアップし、大きな成果を上げられるチームに成長することでしょう。

伍ノ型
猗窩《かいがく》岳を反面教師に学ぶ！
チームの生産性をあげる
自分と部下への向き合い方

このページでは、

- ☑ 職場での人間関係がうまくいかないリーダー
- ☑ チームが成長するためのコミュニケーションを知りたいリーダー
- ☑ メンバーとの関係を改善してチームとして成果を出したいリーダー

そんな方へのヒントとなる「チームの生産性をあげる他人との付き合い方」をお伝えします。

常に当たり散らして愚痴や怒鳴ったりしている上司が周りにいませんか？　いつも何かに不満でイライラしており、人生がつらそうですよね。鬼滅の刃に出てくる猗窩岳もその一人です。

猗岳は、我妻善逸の兄弟子であり、雷の呼吸の使い手です。雷の呼吸の師である桑島慈悟郎《くわじまじごろう》は、猗岳と善逸を分け隔てなく大切にし、雷の呼吸の後継に二人を指名しました。しかし、猗岳は、自尊心が異常に強く、傲慢で独善的な性格で強烈な承認欲求を持っていました。

猗岳は、壱ノ型しか使えない善逸をクズと呼び、下に見ていました。

〝先生がお前に稽古をつけてる時間は完全に無駄だ‼ 目障りなんだよ、消えろ‼〟

『鬼滅の刃』3巻 第34話 171頁

いつもイライラしており、周りを馬鹿にして、見下した態度をとっていました。職場や部下に恵まれていないなぁとか、職場の人間関係でいざこざが起きがちの方も猗岳になる素質がありますので、自分ごととして読んでみてください。

箱に入っている人

猗岳のことを知って、ある本を思い出しました。『自分の小さな「箱」から脱出する方法』（アービンジャー・インスティチュート 著 富永星 訳 大和書房）です。この本において、猗岳のような人のことを『箱に入っている』と表現しています。

『箱に入っている』状態とは、自分を正当化して、世の中をゆがんだ見方をする状態のことを指します。

『箱に入っている』人の特徴は、以下の通りです。

- 他人の欠点をあげつらう
- 自分の長所を過大評価する
- 自分の行動を正当化し、相手に非があると常に考える

猗岳は、善逸が壱の型しかできないことをあげつらい、自分が壱の型ができないにもかかわらず、自分が優秀であると過大評価して、善逸をクズ呼ばわりしていました。猗岳にとっては、周りの人はみんな無能で、自分は我慢して付き合っているのです。

なぜ箱に入るのか　何をきっかけで箱に入るのか

それでは、人はなぜ箱に入るのでしょうか。そして、何をきっかけに箱に入るのでしょうか。

それは、他人のためにすべきだと感じた行動に背いたとき、つまり、自分を裏切ったときです。

『自分の小さな「箱」から脱出する方法』ではこのような例をあげています。赤ちゃんがいる夫婦がいて、ある夜、夫は、夜泣きしている赤ちゃんに気づいて起きます。そのときに、自分があやした方がいいなと思いますが、その感情に背いて寝たふりをします。このとき、自分を裏切った瞬間に箱に入り始めます。同時に、自分と他者の評価を始めます。

妻への評価　➡夜泣きしている赤ちゃんを無視するひどい母親　怠け者
自分への評価➡良き父、一生懸命働いている　被害者

このように箱に入ると、自己を過大評価し、他者を過小評価し始めるのです。

ここで、猗岳が箱に入ったきっかけを見てみましょう。

彼は、身寄りのない子供を預かる悲鳴嶼行冥《ひめじまぎょうめい》の寺で、他の子供たちと共に幼少期時代を過ごします。ある日、寺の金品を盗んだことで他の子供達から責め立てられ、寺から追い出されます。その夜に鬼と出くわし、「悲鳴嶼と子供達の命を与えるから」と命乞いし、鬼を手引きしました。つまり、寺に居る人間を鬼に差し出して、自分だけ生き残ることを選択するのです。猗岳は、寺の子供たちを鬼に売るべきではないと分かっているのに、売ってしまい、自分を裏切るのです。寺の子供たちを鬼に売ってしまった自分の行動を正当化するために、寺の子供たちが俺を理解してくれないのが悪いと考え、箱に入ってしまったのです。

そこから猗岳は、常に他人と接する際には箱に入っていました。壱の型ができない自分の実力のなさに目をつむり、壱の型しかできない善逸を非難しました。自分はこんなに優秀なのに、なぜ、桑島や周りは俺を認めないのだと思うようになります。そして、猗岳を正しく評価できる人が善で、猗岳を正しく評価できない人を悪だと判断するようになります。

〝俺は俺を評価しない奴なんぞ相手にしない
俺は常に!! どんな時も!! 正しく評価する者につく〟

『鬼滅の刃』17巻　第144話　40頁

このように自分の考えに背いたときに、自分を正当化するために箱に入るのです。

なぜ箱から脱出した方がいいのか

箱に入っていると、周りの人すべてが無能に見えたり、自分が常に被害者だと感じ、不満に満ち溢れ、ストレスしか感じなくなります。この状態だと、人間関係は破綻します。
また、自分が一番優秀と思っていると、自分より優秀な人が現れると、その人のアラを探そうとして、非難します。アラを探すことばかりに意識が集中してしまって、成長の機会を失っているのです。また、一度自己正当化すると、ずっと正当化するために、周りが問題を起こしていると解釈し続けなければいけません。

善逸は、猗岳について、心の中の幸せを入れる箱（ここで考察している箱とは別の箱）に穴が空いているから、幸せがこぼれていくと表現しています。

〝どんな時もアンタからは不満の音がしてた
心の中の幸せを入れる箱に穴が空いてるんだ
どんどん幸せが零れていく
その穴に早く気づいて塞がなきゃ
満たされることはない〟

『鬼滅の刃』17巻　第145話　61頁

まさに、箱に入っていると、周りが良いことをしても、何かアラを探し、幸せに気づけなくなってしまうのです。成長するためにも、幸せになるためにも、箱から出た方がよいのです。

リーダーとして箱から出た方がいい理由

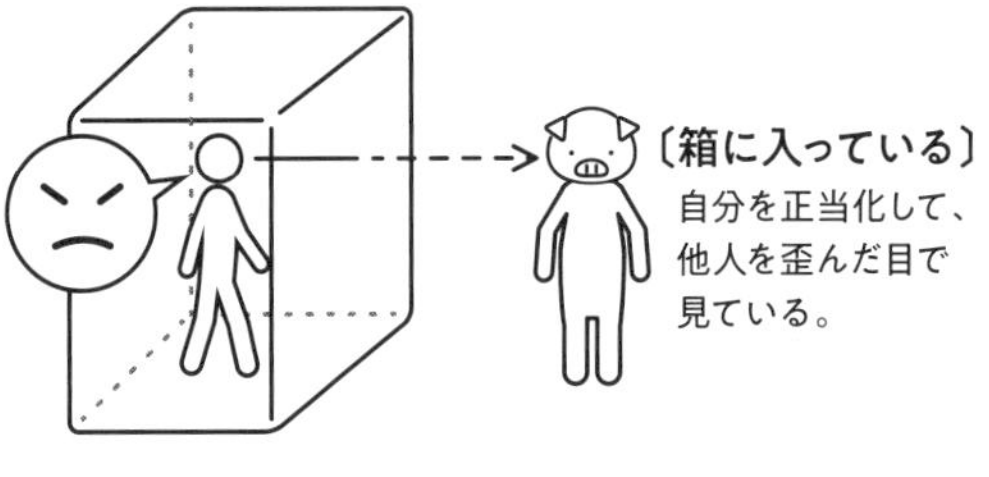
〔箱に入っている〕
自分を正当化して、他人を歪んだ目で見ている。

ところで、会社では、箱の話はどう関係するでしょうか。

箱に入ってる社員は、自己正当化しているので、自分に意識が集中しています。

自分が優秀だと認められたいと思うので、自分の成績を優先して、他の社員の足を引っ張ったりします。

逆に、箱から出ている社員は、組織やチームのために頑張ろうとするので、お互いを尊重し協力することができるようになります。どちらがチームとして生産性が高いかは一目瞭然ですね。従って、社員が箱から出ることによって、生産性は著しく高くなるのです。特に、あなたがリーダーだったら、箱に入ってはいけません。箱に入ったリーダーは、部下のミスを責め、部下のせいにします。箱の外のリーダーは、部下のミスを自分ごとととらえ、部下のミスに向き合い、どうしたミスしないか一緒に考えます。

ついていきたいリーダーは箱の外にいるリーダーですよね？

箱から脱出する方法

では、どうやってこの箱から脱出したらいいのでしょうか。

それは、以下の二点を意識することです。

①相手に興味をもつこと

②自分が間違っているかもしれないと意識すること

①相手に興味を持つこと

人が自己正当化するとき、どうやって自分のことを正当化するかしか興味がないのです。だから、相手がどう思っているかに気づけません。善逸や桑島は、獪岳を認めていました。にもかかわらず、獪岳は箱に入って、自分を正当化します。一方で炎柱の煉獄杏寿郎は、常に周りを気にして行動し、相手の長所に目を向けます。

『鬼滅の刃公式ファンブック　鬼殺隊見聞録・弐』（集英社）において、煉獄杏寿郎は、他の柱との打ち解け度合いが95％と記されています。一人ひとりの柱の長所をしっかり見ていることが伺えます。

箱から脱出するためには、相手を人と認識し、相手と向き合おうとする意識が重要なのです。箱とは意識的な概念なので、相手と向き合おうとした瞬間に箱から出られることになります。

②自分が間違っているかもしれないと意識すること

もしかしたら、自分が間違っているのかもしれないと思うことで箱から出られます。十二鬼

月の下弦の伍 累は、炭治郎に敗れた後、炭治郎に手を添えられて、自分の過ちに気づきます。

〝温かい…陽の光のような優しい手。思い出した、はっきりと。僕は謝りたかった。ごめんなさい全部全部、僕が悪かったんだ。どうか許して欲しい〟

『鬼滅の刃』５巻　第43話　１７９頁

累は、鬼になって、自分の両親を殺してしまったことを後悔し、謝りたかったのです。それに気づいたとき、箱から脱出し、人間の心を取り戻し、鬼から人間の見た目に戻り、両親に抱きしめられながら、死んでいきました。

常に、「今、自分は箱の中に入ってないだろうか？」と客観視することが箱から脱出するきっかけになるのです。

まとめ

組織やチームにおいても、箱の外の社員を多くつくることで、社員が仕事に集中して、組織の生産性を高めることになります。誰もが、箱に入ってしまうことがあります。そんなときは、お伝えしたことを思い出して、まずは自ら箱から出てみましょう。圧倒的な成果を出すチームが生まれることでしょう。

陸ノ型　産屋敷耀哉《うぶやしきかがや》から学ぶ！能動的なメンバーを増やす方法

この章では、

☑メンバーにもっと能動的に動いてほしいと思うリーダー
☑メンバーに目標をもって働いてほしいと思うリーダー

そのような方々へのヒントとして、「メンバーが能動的にチームのために活躍してくれるコツ」をお伝えします。

メンバーが自分でやるべきことを考え、能動的に動いてくれるためにどうすればいいか。鬼滅の刃から入り、ドラッカーが提唱している『ＭＢＯ』という目標管理方法を用いて考えていきましょう。

〝俺は…俺と禰豆子《ねずこ》は鬼舞辻無惨を倒します!!〟

『鬼滅の刃』6巻 第47話 90頁

これは、産屋敷家に炭治郎と鬼殺隊の柱たちが集ったときに、まだ実力がなかった炭治郎が宣言した言葉です。読者視点で「まだ実力が足りないだろうな…」と思い、クスっと笑われた方も多いと思います。

この炭治郎の発言に対する鬼殺隊のトップである産屋敷耀哉の対応に、リーダーの理想的な目標管理方法のヒントが隠れています。

自ら目標を決める・セルフコントロールの重要性

炭治郎の「鬼舞辻無惨《きぶつじむざん》を倒します!」という宣言は、誰に強制されたものでもありません。炭治郎個人の決意です。そして実際に、誰も成し遂げなかった無惨を倒すことに成功します。これは、自分で目標を宣言することの重要性を教えてくれるエピソードだと思います。

同時に、炭治郎を否定せず、また他の柱たちの意見を無視もせず、鬼殺隊の隊員たちに「これをやりなさい」と強要せず、けれど強いリーダーシップをもって無惨を追い込んだ耀哉のリーダーとしての振るまいが光る流れでもありました。つまり、個人が自分自身で目標を立てることで、難しい課題が達成される事例です。

ではまず、何故自分で目標を決めることが重要なのか、セルフコントロールについて考えてみましょう。

人は、誰かに設定された目標は他人事として捉えやすいため、本気で取り組めません。最終的に、その目標に責任を持てず、達成せずに終わってしまうこともしばしばです。たとえば炭治郎は自分で無惨を倒すと決意しましたが、他のメンバーはどうでしょうか？「みんなで無惨を倒そう」「おー！」では、「俺が、自分で、無惨を倒す！」という強い決意に至らないかもしれませんよね。

このように、人は自分で決めた目標には責任感が生まれ、達成しようと一生懸命に取り組むことが出来ます。自ら目標を掲げてこそ成果が出るのです。これがまさに炭治郎の持つ「俺が倒す！」という主体性ですね。

従って、自ら目標を掲げて、自分で責任をもって目標達成を管理していくこと。つまり、「目標のセルフコントロール」が極めて重要なのです。

業務に置き換えると、チームに「目標管理制度」を導入したとき、その効果を最大限発揮するために、「メンバーが自分で目標を決める」ようにリーダーがメンバーを導く必要があるという話になります。

個人目標を管理する・ドラッカーの『ＭＢＯ』

それでは、もう少し現代における目標管理について考えてみましょう。

まず『ＭＢＯ（Management by Objectives）』というものをご存じでしょうか。『ＭＢＯ』とは、Ｐ・Ｆ・ドラッカーが提唱した「個人目標管理手法」のことです。端的に言えば、社員一人ひとりが個人ごとの目標を設定して、リーダーがそれを管理していくというやり方です。


たとえば「うちのチームの売上目標はこれ！」という大まかな指標では、個人個人がどう動けば良いかわからず、目標達成は遠ざかります。しかし『ＭＢＯ』で、個人ごとに売り上げなどの目標を決めていけば、自然とチーム全体の目標達成に近付きます。

ここで大事なのは「個人目標を決めるのは本人」ということです。一九九〇年代には日本でも『ＭＢＯ』を導入する動きがありましたが、本質的理解がないまま形式的に採用されてしまったため、成果が出た話はあまり聞きません。

ドラッカーは『ＭＢＯ』とは『Management by Objectives and Self -control（目標管理とセルフコントロール）』であると言っています。

この『and Self -control』（以後、セルフコントロール）の部分が特に重要にもかかわらず、日本ではそれが意識されない導入となったため、『ＭＢＯ』自体が失敗に終わるケースが多数ありました。

セルフコントロールとは、自己統制と訳せます。従って、本来『ＭＢＯ』とは、自ら目標を掲げ、目標達成のために自らをコントロールしていく制度であるといえます。

「ＭＢＯ」で出来ること

『ＭＢＯ』の本質は「自立した人材を育て上げる」ことにあります。

つまり冒頭で紹介した、「メンバーが目標を持ち、能動的に動く」チームを作り上げることです。個人目標を設定し、その達成を導くことで、メンバーが成長する。これもリーダーとしての役割ですし、メンバーがそうなってくれたら助かりますよね。

では、『ＭＢＯ』をやってみよう！となったときの具体的な手順をご説明します。

①目標設定

期間を設定し、メンバーに自分で考えた、その期間の目標を掲げてもらいます。

②定期的な進捗確認

掲げた目標の達成まで進んでいるか、進捗を随時確認します。

③結果のフィードバック面談

目標達成までの期間が終了したら、実際に目標を達成できたか確認し、今後の業務にフィードバックするための面談を実施します。

この手順を繰り返すことで、メンバーは能動的に動く人材に成長していきます。

具体的な目標設定のやり方は？

「目標を自分で決めることが出来ないメンバーもいるなあ……」

これはリーダーにとって悩みどころです。

炭治郎のように「俺はこれをやります！」と宣言してくれたら良いのですが、なかなかそうもいきません。では、メンバーにどのように目標を設定してもらえばいいのでしょうか。
突然、「目標を決めてください！」と言われても困ってしまうメンバーは多いはずです。

そのために、まずはリーダーの方から「枠組み」を決めてあげることが重要です。
枠組みとは、会社として、チームとして、何を目指すのかということです。鬼殺隊では勿論「打倒、鬼舞辻無惨！」ですが、これは会社でいうと経営理念にあたりますね。チーム単位で見た場合、もう少し目標のレベルを落として「あの地域にいま潜んでいる鬼を倒す」など、具体性が増した目標（枠組み）になるでしょう。

まずは、現実の仕事でも、経営理念など、会社が大切にしていることを提示する必要があります。たとえば、

「会社の経営理念はこうだ」
「うちのチームはこんな姿を目指している」

これらを提示しないと、メンバーの個人目標が、チームが目指す方向性と違ってしまうこともあります。さらに、もっと具体的な枠組みを用意することで、メンバーが自分で決める目標

が、リーダーの望む方向と一致するようになります。

たとえば、

「仕事を効率的に行う工夫を考えてみるのは？」

「お客様満足度を高める取り組みで、あなたに出来ることはあるかな？」

などです。枠組みの提示のイメージ、湧いたでしょうか？

他にも、メンバーが、ハードルが低いと思われる目標を設定した場合は、ハードルを上げる軌道修正も必要です。たとえば

「毎日、挨拶する」

「遅刻をしない」

などは出来て当たり前のことですから、『MBO』の目標設定には適していません。逆に、ハードルがあまりにも高い目標を設定してきた場合は、ハードルを下げる軌道修正を行います。

先述した通り、炭治郎は、強い鬼を倒したことがないにもかかわらず、最強の鬼である無惨を倒しますと公言しました。これはハードルが高い目標で、あの段階では、具体的な手段が

まったくイメージできませんよね。

ところで、あのシーンには続きがあります。鬼殺隊のトップである産屋敷耀哉は炭治郎の高すぎる目標に対して、

〝今の炭治郎には出来ないから
まずは十二鬼月を一人倒そうね〟

『鬼滅の刃』6巻　第47話　90頁

と、軌道修正をしているのです。

耀哉は、「今の炭治郎の実力では無惨は到底倒せない」と判断し、「無惨より弱い存在である十二鬼月を倒す」という目標が現実的であると判断したのです。

このようにメンバーが自分で決めてくれたは良いけれど、それがハードルが高すぎる目標だった場合には、リーダーの手で軌道修正する必要があります。どんなに頑張っても達成できない目標では意味がないからです。

そもそも『ＭＢＯ』で目標を掲げることには、二つの意味があります。

一つ目は、高めの目標を設定し、達成に向けて頑張ることで成長する。
二つ目は、高めの目標を達成したことで、達成感を感じ、モチベーションを上げる。

この二つの力を最大限発揮するために、「ちょうどいい難易度の目標設定」が重要になるのです。どの程度が妥当かというと、「今の実力では到達できないけれど、期間中に頑張れば達成できるだろう」という水準が良いでしょう。もちろん、このように妥当な目標の設定に導くためには、リーダーがメンバーの普段の仕事状況や性格、能力をよく見ておく必要があります。

定期的な進捗確認はどうやればいい？

目標は、掲げただけで終わりになってしまっては意味がありません。さらに、結果確認まで放置しておくのも望ましくありません。折角、目標を決めたからには、メンバーの目標達成の進捗状況を定期的にチェックするのがリーダーの務めです。

普段の仕事でいっぱいいっぱいになってしまい、すっかり目標のことを忘れていた……なんて、よくある話です。忘れる前に、定期的に思い出してもらって、目標達成に導く。そのために定期的な進捗確認は必要なのです。進捗確認の仕方は色々です。日報を提出してもらったり、週一回、月一回の定期面談などが考えられます。

ここでも、重要なのはセルフコントロールです。目標を掲げた本人に進捗を報告してもらい、うまくいっていなければ、何故そうなのかという理由を考えさせる。「こうしたらいいんじゃない？」という指導ではなく、自分から「こうした方がいいのかも」と考えることが、メンバーの成長につながります。

このようなセルフコントロールこそ、『MBO』の鍵なのです。

つまり、メンバーがセルフコントロールするのを手伝うことがリーダーの仕事です。

結果のフィードバックの方法は？

目標を設定したら、フィードバックは必須です。フィードバックとは、行動や成果物に対する評価を、行動した人に対して伝え返すこと。まずリーダーとメンバーは、目標を達成できたのかを一緒に確認します。ここで目標達成していたとしても、やったことへのフィードバックがなければ達成感は生まれません。目標を達成したこと、そのためにやったことを評価し、褒めて自信を持ってもらい、次の目標へと導くための時間が必要です。

もしくは目標を達成できなかった場合、次回は達成に至るためにどうしたらいいかを考えなければなりません。

フィードバック時にやるべきことは二つです。

①目標を達成できたかどうか確認

②達成できた理由を認識する or 達成できなかった原因を認識する

これは面談という形がベストです。顔を合わせて話し合うことで、細かなニュアンスまで伝わるはずです。

ちなみにこのフィードバック面談の際にやりがちな失敗例は、上司が一方的にしゃべって終わってしまうことです。上司の立場としては、部下を思いやるが故に、「こうした方がいい」など「答えになる部分」を話してしまいがちです。けれど、この『MBO』の目的は、自分で成長する部下を育てることだったはずです。間違ったフィードバック方法では、メンバーの成長の芽を摘んでしまいます。

つまり、フィードバック面談のときにも、メンバー自身のセルフコントロールが大事です。自分で立てた目標に対して、自分で考えて、結果を言語化させるのです。このとき、上司は基本的に聞き役に徹しましょう。そして、目標達成に向かって頑張っていることに対しては、しっかり褒めてあげましょう。

人は努力や頑張りを褒められると成長意欲が促進されます。これらを繰り返すことで、最終的には、自ら目標を持ち、能動的に動き、自然と成長していくメンバーが育成されます。

まとめ

ドラッカーの『ＭＢＯ』は、正しくは、『Management by Objectives and Self-control』です。この中の「セルフコントロール」の部分が、個人の成長に重要な役割を担っています。

メンバー一人ひとりが、自ら目標を掲げ、自ら目標達成の進捗を管理し、自ら結果のフィードバックを行う。この形をリーダーが整えることで、自ら考え、能動的な働きをしてくれるメンバーが増えていきます。

人は、自分で決めたことにこそ一生懸命になれるし、目標達成を目指して思考することで成長します。ぜひ、メンバーのセルフコントロールを意識しながら、ドラッカーの『ＭＢＯ』を導入してみてください。

チームメンバーのことは好き？嫌い？ —鬼舞辻無惨は人間的—

産屋敷耀哉《うぶやしきかがや》は鬼殺隊士全員を分け隔てなく扱う、人徳が極めて高いリーダーです。このような態度を示してくれると、メンバーは誰しもがついていきたくなると思います。しかし、全ての人を平等に扱うことの出来るリーダーを目指しなさいと言われても、現実には難しいものです。

リーダーも一人の人間であるため、相性が合う人合わない人がいたり、好き嫌いがあるのは仕方ありません。むしろ、好き嫌いがあることを前提にリーダーシップを発揮する方が健全ですし、現実的です。

他方で、鬼舞辻無惨《きぶつじむざん》は、好き嫌いがはっきりしています。鬼滅の刃公式ファンブック=において、上弦の壱「黒死牟《こくしぼう》」や上弦の参「猗窩座《あかざ》」のことは気に入っているが、上弦の弐「童磨《どうま》」のことは嫌がっているという記載があります。このエピソードを読んだとき、無惨の方が人間らしいと私は感じました。

ここで注目したいことは、無惨が嫌っている童磨が上弦の弐の地位にいることです。好いている猗窩座よりも上の位に童磨を置いているのです。童磨が、大量の人間を食らうことで鬼の組織に大きく貢献しているため、無惨は、自分の感情を差し置いて童磨を上弦の弐に置いていると考えられます。

このエピソードは、チーム編成において、リーダーが自分に好き嫌いがあるのを認めたうえで、実力を客観的に評価することが重要であると学ばせてくれるものです。

ではなぜ、好き嫌いでメンバーを評価してはいけないのでしょうか。

リーダーはチームの利益、成長にコミットする存在でなければなりません。なので時として、苦手でもチームにとって必要な存在であれば幹部に抜擢するという決断が必要になるのです。また、好き嫌いで評価していることを他のメンバーに気づかれれば、リーダーの評価は落ち、求心力も下がります。

達成したいチーム目標のために、必要な人材を適切に評価していきましょう。

それがリーダーが成果を出すために求められていることです。意外ではありますが、無惨の行動が参考になることもあるんですね。この考え方が、人材の評価やチーム編成時のヒントになれば幸いです。

第参章

チーム（組織）作りの呼吸

壱ノ型　鬼殺隊から学ぶ！チームを強くするパーパス（存在意義）の力

このページでは、

- ☑ 多くの部下をまとめていきたいリーダー
- ☑ 部下の自発性を促進していきたいリーダー
- ☑ 自分が実現したいことをメンバーに伝えていきたいリーダー

そのような方々へのヒントとなる「パーパス（存在意義）」についてお伝えします。

「パーパス」とは何か

「パーパス」とは、日本語で言えば「存在意義」というような意味になります。近年、この「パーパス」という言葉は、組織論において盛んに使われるようになっています。少し補足をしますと、「会社（組織）が何のために存在しているのか？」という問いへの答えが「パーパス（存在意義）」とも言えます。

働くということが、単に生活のためにお金を稼ぐためだけの行為ではなく、何か意義・意味のある行為として求められるようになったという社会的背景もあり、近年着目されるようになりました。

特に、アメリカのＩＴ系の企業を中心に、この「パーパス」を経営における重要要素としてマネジメントしていこうという動きが出ています。

例えば、マイクロソフトＣＥＯのサティア・ナデラ、フェイスブック（現Ｍｅｔａ）の創業者マーク・ザッカーバーグ、セールスフォース創業者のマーク・ベニオフなどなど、様々な著名経営者が自社の「パーパス」に言及しています。

これは、従来の土地と機械設備から付加価値・富が産まれるような鉄鋼業・化学工業といった重厚長大産業から、人間そのもの、あるいは人間の頭から付加価値・富が産まれるＩＴ産業の時代に移り変わったという時代背景によるものでもあります。

この「人」から価値が創出される時代。企業は優秀な人を奪い合っています。

これが、優秀な人を惹きつけ続けるために、企業が「パーパス」を経営におけるマネジメント対象に位置づけている理由です。

鬼殺隊の「パーパス」は？ 鬼達の「パーパス」は？

鬼滅の刃では、産屋敷家《うぶやしき》が率いる鬼殺隊と、鬼舞辻無惨《きぶつじむざん》が率いる鬼という、対照的な二つの組織が存在します。この二つの組織における「パーパス」とは何でしょうか？ まず、鬼殺隊の「パーパス」ですが、これは明確で、「無惨を倒し、鬼を根絶させる」ということです。

これは、鬼殺隊の隊員たち一人ひとりの個人としての「パーパス」（この場合は鬼への復讐の感情）と、強く繋がっています。

鬼殺隊のトップである産屋敷耀哉《かがや》と無惨が対峙するシーンにおいて、印象的な耀哉のセリフがあります。

〝本来ならば一生眠っていたはずの虎や龍を君は起こした
彼らはずっと君を睨んでいるよ　絶対に逃がすまいと〟

『鬼滅の刃』16巻　第137話　82頁

鬼殺隊において、この「パーパス」は千年間、引き継がれ、隊員達の鉄の団結を形作っているのです。この鬼殺隊の「パーパス」は、人を選びます。鬼の存在を知らない人や、鬼から害を受けたことの無い人は、鬼殺隊に入りたいとは思わないわけです。ですので、万人向けの「パーパス」ではありません。

ですが、鬼を憎む人々には、強く強く訴求する大変力強い「パーパス」です。この「パーパス」が無ければ、隊員達が死をも恐れず団結し、無惨を倒すという大事は決して成し遂げられなかったでしょう。

では、一方で鬼達はどうでしょうか？鬼殺隊とは対照的に、鬼達には共通の「パーパス」は実は存在しません。あるとしたら、「無惨さまの求めることを実行する」でしょうか。それも、鬼一人ひとりがやりたいと思ってやっているというよりは、多くの鬼は、程度の差はあれど、自分が殺されないために適度に「無惨さまの求めることを実行」していたのではないでしょうか。

共通の「パーパス」がなかったために、鬼達はそれぞれ勝手に、自らの欲求を満たし続けるために行動をしていました。

このように、組織の構成員を強く惹きつける「パーパス」があるかどうか、その組織の「パーパス」が構成員個人の「パーパス」と繋がっているかどうかは、その組織が目標に向かって団結して行動し続けられるかどうかに大きく影響します。

「パーパス」という観点から考察すると、鬼殺隊には大変機能した「パーパス」が存在し、鬼には無かった、ということが、鬼殺隊と鬼の勝敗を分けたとも言えるのではないでしょうか。

これは、鬼滅の刃の最終巻で、鬼殺隊の多くの隊員が結集したことに対して、無惨はただ一人であった（「無惨さまを守れ！」と集まる鬼は皆無だった）、ということに象徴的です。

あなたの属する組織の「パーパス」は？

さて、あなたの属する組織の「パーパス」は何でしょうか？「うーん、うちの会社はパーパスなんてないよ」という方もいるかもしれません。

でも、ちょっと待ってください。もし、あなたがチームを率いる立場であれば、あなたがそのチームの「パーパス」をメンバー達と創っていく役回りなのです。そして、役職者でないとしても、すべての人がチームに対して影響力を及ぼせるという考えに立てば、すべての人が組織の「パーパス」に対して受け身ではなく、むしろ「パーパス」を創る側の一員である、とも言えます。

では、再度、この問いを間に置かせてください。

・さて、あなたの属する組織の「パーパス」は何でしょうか？
・組織の「パーパス」を創る一員として、あなたはどのような貢献をしたいでしょうか？
・そして、その組織の「パーパス」は、他でもない、あなた個人の「パーパス」とは、いかに繋がっているでしょうか？

この、先の見えない不確実性の高い時代に、私達一人ひとりが意味・意義を感じられる仕事を日々行うためには、時に「パーパス」に想いを馳せることも有効かもしれません。

まとめ

組織論の世界で注目されている「パーパス」。これは、「組織が何のために存在しているのか？」を表現するものです。

この「パーパス」という面から考えると、鬼殺隊は「無惨を殺し、鬼を根絶させる」という強力に機能する「パーパス」を保持しており、鬼達は、特段の共有された「パーパス」が無かったと言えます。これが、鬼殺隊と無惨の勝敗を分ける一因となったのではないでしょうか。

翻って、わたしの組織の「パーパス」は何だろうか？という問いに向かい合うことは、私達一人ひとりが仕事の意義を感じて日々を送るためには、とても重要なことかもしれません。

弐ノ型　鬼殺隊から学ぶ！
分散型組織運営が強い秘訣

このページでは、

☑ 組織マネジメントのあり方を模索しているリーダー
☑ 部下に一層の自主性を発揮してほしいリーダー

そのような方々に向けて、組織マネジメントの集権化・分権化について考察していきます。

最近、ブロックチェーン、という言葉を良く聞きます。実はこれと鬼殺隊の組織運営が似ているといったら、少し興味を惹かれないでしょうか。

キーワードは「分散化」です。鬼殺隊も、ブロックチェーンも、分散化することでどこかがつぶれても、全体として動き続ける強い組織を実現しています。

上記の理由を解説するとともに、ブロックチェーンについても、簡単に概要をお伝えしていきます。

そもそもブロックチェーンって何？

ブロックチェーンを理解するためのキーワードは「分散化」です。これまで、多くの仕組みは「集権化」されてきていました。分かりやすいのはお金です。実は我々が日々使う、円とかドルといった法定通貨は、非常に集権化されたものです。

日本においては、法定通貨は中央銀行が発行し、管理する権限を持っています。つまり、円やドルといった法定通貨については、中央銀行に権力が集中しているわけです。

私達個人は、それを使うことはできますが、法定通貨自体の政策には影響を及ぼすことはできません。なので、中央銀行がお金をたくさん発行しお金の価値が下がるということを、我々個人は指をくわえて見ていることしかできません。

また、お金の流通ネットワークも集権化されています。今、私達がお金を送金しようとしたら、銀行に依頼することが多いでしょう。銀行に送金を依頼する際、私達は手数料を払います。海外送金をする場合には、多額の手数料を支払う必要があります。このような手数料収入で、銀行は収益をあげています。少々意地が悪い表現をすれば、そのような送金ネットワークを牛耳っているから収益を獲得できるとも言えるわけです。

お金に関する権力が集中していることへのアンチテーゼとして考えられたのが、実はビットコインです。ビットコインはブロックチェーンという技術を使って、一つの主体に権限を集中させるのではなく、権限を分散化して、ネットワークの参加者全体でシステムを運用していこうという考えで創られたものです。

ブロックチェーンと鬼殺隊の共通点

この分散化が鬼殺隊においても見られます。分かりやすくするために、鬼舞辻無惨《きぶつじむざん》が率いる鬼の組織と対比して考えますと、鬼の組織は非常に集中化した組織と言えます。無惨に権力が集中しており、無惨の命令がなければ基本的には動かず、そして、無惨が死ねばすぐに瓦解します。

一方で、鬼殺隊が分散化していたため、産屋敷耀哉《うぶやしきかがや》が死んでも息子の輝利哉《きりや》が後を継ぎ、指揮命令系統は残りました。また、柱達は、直接の指示命令がなくとも、各自の判断で臨機応変に動いていきます。

このように自律分散している機動的な組織は、環境の変化にも対応しやすいと言えるでしょう。組織において、集権化と分散化のどちらがいいということはありませんが、一般的には、答えをトップが分かっている場合は、集権化が強いと言われています。トップの言う通りに動けばよいのですから。

ですが、誰も答えが分からない、また、答え自体が日々変わっていくような、環境の変動が激しい状況においては、権力が分散化し、自律的に動いていく組織の方が良いと言われています。分散化した組織を実現するためには、メンバー・部下への権限移譲を増やしていくことが重要です。

まとめ

権力が集中していないが故に、分散化した組織は、環境変化の激しい状況でも、自律的に動き続けることができます。

この変化の激しい時代において、分散化した自律的・主体的に動き続ける組織を創ることは、重要なことかもしれません。

さて、あなたの率いる組織は集権化していますか？それとも分散化していますか？

読者のみなさんが自らのマネジメントを省みる一つのきっかけになれば、幸いです。

参ノ型　鎹鴉《かすがいがらす》から学ぶ！チーム目標を達成する仕組み

このページでは、

☑ いつも目標を達成できないリーダー
☑ 目標達成のためのチームマネジメントを模索中のリーダー

そのような方々へのヒントとなる目標達成のための仕組みをお伝えします。

鎹鴉とは、鬼殺隊当主と隊士間の情報伝達を代わりに行うカラスのことです。鬼殺隊当主からの指令を隊士に伝え、隊士の危機をいち早く伝えるなどの役割を担っています。特に、鬼舞辻無惨《きぶつじむざん》の本拠地における最終決戦では、離れ離れで戦う鬼殺隊の戦況を、逐一メンバーに報告する役割を担っていました。この鎹鴉の報告が、炭治郎達鬼殺隊の勝ちたい気持ちを絶えず鼓舞していた点は、スポーツの試合会場で設置されている『スコアボード』と同様の効果を果たしていたと思います。

組織やチームには目標があります。この目標を達成するためにはメンバーのモチベーション維持は不可欠です。そこで、鬼殺隊員のモチベーションを維持し続けた鎹鴉の仕組みを組織やチームでどのように活かしたらいいかを説明していきます。

鎹鴉とスコアボード

スポーツの試合では、必ずスコアボードが置いてあります。スコアボードの目的とは、戦っている選手に勝ちたい気持ちを起こさせることです。スコアボードで、二対一で勝っていると分かれば、一点を死守すれば勝てるという気持ちになりますし、一対二で負けていると分かれば、なんとか一点をとって同点に持ち込めば勝てる可能性が出てくるから頑張ろうという気持ちになります。選手がスコアを見ることで、勝ちたい気持ちが強くなり、責任感が高まる効果があるのです。

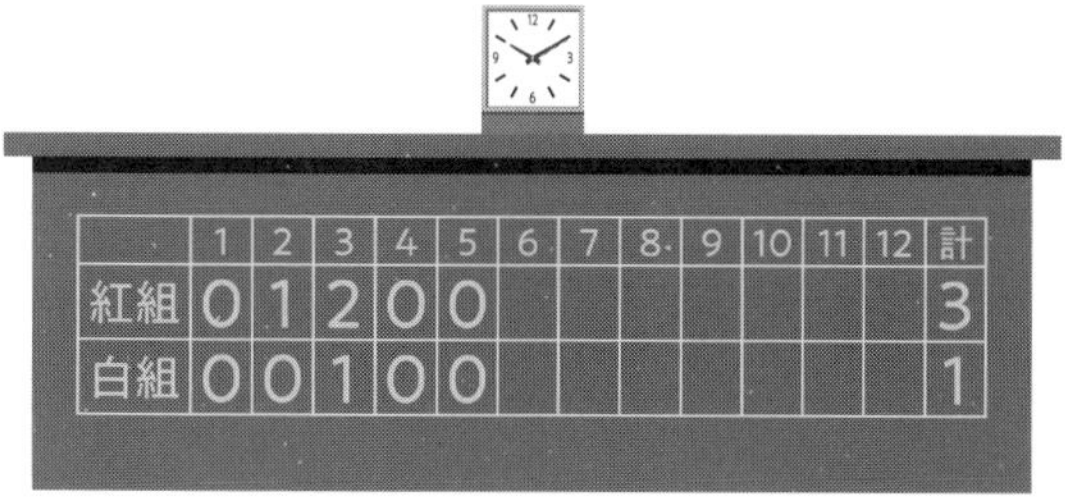

無限城では上弦の鬼を鬼殺隊の誰かが倒す度に、鎹鴉が各員に

状況を伝えていました。

〝シノブ‼ カナヲ‼ 伊之助‼ 三名ニヨリ‼ 上弦の弐 撃破‼〟

『鬼滅の刃』19巻 第164話 74頁

鎹鴉が提供していた情報は、「誰が」「何人で」「どんな鬼を」倒したのかです。この鎹鴉の報告を受けた炭治郎はこのように反応しました。

〝凄い…凄い‼ 凄いことだこれは
それぞれが勝ち星を上げている
無惨に近づいてきている‼〟

『鬼滅の刃』19巻 第164話 75頁

炭治郎は鎹鴉の報告を受けて、無惨への道が近づいていることを認識し、高揚感を高めました。仮に鎹鴉がいなかったとしたら、味方と敵がどれだけ残っているのか分かりません。

人は現在の位置が認識できないと非常に不安定な状態になります。どれだけ頑張れば目標を達成できるのか分からないからです。逆に、現在の位置が分かると、あとどれだけ頑張れば目標を達成できるか分かりますので、目標達成のためのモチベーションが高まります。

チームにとっての鎹鴉の必要性

このスコアボードや鎹鴉の役割は、組織やチームにおいても必要なことです。組織やチームに所属するメンバーは、日々、一生懸命仕事をしていても、自分の会社が目標達成のためにどのような位置づけで進捗しているのか分からないとモチベーションを維持できません。勝っているのか負けているのか、状況が分からないと仕事に対するモチベーションが維持できません。

そこで、鎹鴉やスコアボードによって、現在の位置づけを認識することで、目標達成のために、何をしなきゃいけないか考え、モチベーションを上げることができるのです。

組織やチームで利用するポイント

それでは、組織やチームで、鎹鴉やスコアボードの役割を活用するためのポイントを見ていきたいと思います。

①勝ち負けが一目瞭然

鎹鴉、スコアボードの役割として重要な要素は、勝ってるか負けてるかが一目で分かることです。鎹鴉は、上弦の鬼の誰を倒したか、そして味方の生死も伝えることで、戦況が瞬時に理解できるように伝令していました。

従って、組織やチームでも、メンバーに勝っているか負けているかの情報を最低限で伝えることが重要になります。しかし、ビジネスで勝っているか負けているかを一目で分かるためには、いくつか工夫が必要です。

勝ち負けが一目瞭然にするための手順として以下の通りです。

一、まず、勝つという状態がどんな状態かを目標設定します。
二、次に、日々の経過点の目標設定を逆算して設定します。
三、そして、日々の実績をスコアボードに記録します。
四、経過点目標と実績を比較して、負けていれば挽回策を考えます。

このように、目標と実績を比較することで勝っているか負けているかを表す必要があります。一年で売上一億二、〇〇〇万上げる目標設定をしたら、一ヶ月で一、〇〇〇万の売上目標になるので、一ヶ月後、超えていれば勝っているという状態になります。

②いつでも見える場所

スコアボードは、選手がどんな位置にいても分かるような配置にあり、そして、遠くても見えるように、かなり大きく設置されています。鎹鴉も、瞬時に戦況を伝えられるように、多くの鎹鴉を手配して鬼殺隊員の近くに配置していました。

組織やチームでも、いつでも分かるように配置する必要があります。例えば、誰もが見える場所だったり、メンバー全員のグループウェアのホーム画面などが考えられると思います。

③メンバーのためのスコアボード

鬼殺隊の指揮官である産屋敷輝利哉《うぶやしききりや》は、自分のために必要な情報ではなく、誰が誰を倒したかという鬼殺隊にとってシンプルで意欲が出るのに必要な情報のみを提供していたと思います。スポーツでも、監督はもっと細かな情報やデータをもとに采配を決めていると思いますが、あくまでも選手のモチベーションを上げる情報が必要なのです。

組織やチームでも同様です。例えば、中小企業の経営者にとっては売上だったり利益だったり資金繰りなどの財務指標が重要です。しかし、社員はそれを見てもピンと来ませんし、勝っているのか負けているのか、そして、何を行動したらいいか分からないのです。ですから、社員にとっては、以下のような指標の方が分かりやすいことがあります。

- 営業社員の場合　➡　新規訪問件数や電話の件数
- 工場勤務の社員の場合　➡　事故発生件数や在庫回転率

・販売店メンバーの場合 ⬇ オプションの提案件数
・接客メンバーの場合 ⬇ アンケートの点数

このような指標だと、社員一人ひとりにとってなじみのある指標で、日々の行動に影響を与えることができます。

まとめ

日々目標達成のためにまい進されているリーダーのみなさん、組織やチームの目標をいち早く達成するために、スコアボードを作成して運用してみてください。メンバーが目標達成に意欲的に取り組んでくれることでしょう。

肆ノ型　下弦の伍「累《るい》」から学ぶ！役割に人を付ける組織マネジメント

このページでは、

☑ どのようなチームを作るか悩んでいるリーダー
☑ 強いチームを作りたいリーダー

そのような方々へのヒントとなる組織の作り方についてお伝えします。

『十二鬼月』の一人、累は、那田蜘蛛山《なたぐもやま》を縄張りとし、鬼を集めて疑似家族を作って生活していました。最終的には鬼殺隊によって討伐されましたが、大量の鬼滅隊員を抹殺し、柱二名を討伐に向かわせるほどになったわけです。これは、かなり強い組織だったと言えるでしょう。

ここで、なぜ、累達がこれほどまでに強くなったのかについて、累が作った疑似家族というチームをもとに考察して行きます。

役割を与えることの意義

累の作った疑似家族というチームには、メンバーでそれぞれに役割が与えられていました。

〝父には父の役割があり　母には母の役割がある〟

『鬼滅の刃』5巻　第39話　88頁

つまり、累の家族には、父という役割、母という役割がまずあって、そこに鬼を当てはめているチームです。このように、役割を定義してからその役割に人を当てはめていくという組織のメリットは以下のことがあります。

①組織のトップが考えている方向性からブレない

役割はトップダウンで決めることになるので、トップが進んでほしいという方向性の枠組みを与えることとなり、そこからブレた行動を起こしにくいため、組織としての生産性が高くなるといえます。例えば、トップが、ＩＴに強いチームを作るから君はＩＴ担当を担ってくれと伝えます。ＩＴ担当に任命された人は、トップの意向に沿うようにＩＴに強いチームの手助けをしてくれます。

②責任感が高まる

役割を与えられると責任感が高まります。鬼殺隊の柱は、柱としての誇りと自覚を持っていることが伺えます。特に、炎柱の煉獄杏寿郎《れんごくきょうじゅろう》の言動を見ると、柱として責任感を強く持っていることがよく分かります。

〝俺は俺の責務を全うする!!〟

『鬼滅の刃』8巻　第64話　54頁

〝柱ならば後輩の盾になるのは当然だ〟

『鬼滅の刃』8巻　第66話　94頁

このように、役割は人に責任感を与える力があります。ＩＴ責任者という役割を与えられた人はＩＴ責任者として責任感が芽生え、頑張ろうとします。コミュニケーションが得意だから接客の責任者にするなど、メンバーの強みから役割を与えることも重要です。

③専門性が高まる

役割が明確だと自分が何をしなければならないかが分かり、そこに注力して行動することができます。注力することによって、専門性に磨きがかかるのです。

ＩＴ責任者として任命された人は、とことんＩＴについての知識と経験を積むことになるので、ＩＴの専門性が高まるのです。

累の組織を強くする要素

では、累のチームは、どうしたらもっと強くなっていたのかを考えてみましょう。

①共感できる組織の目標、経営理念

累は力による恐怖を与えることでメンバーを従わせました。恐怖政治では、社員は嫌々働くので、本気を出してくれません。家族の意義を説明し、共感できる組織の目標や経営理念があって、社員は自発的に動くのです。

②評価指標

累のチームは、累を守れるかどうかという「〇」か「一〇〇」の評価しかありません。守れなかったら殺されるという選択肢しかないので、評価項目を増やし、評価点を細分化して評価してあげた方が良かったかもしれません。

そしたら、失敗ばかりの母鬼も評価されるごとに自信がつき、アクシデントにも柔軟に対応できる強い鬼になっていたでしょう。

まとめ

メンバーに役割を与えれば、専門性が高く、責任感の強いチームが作れます。リーダーが、メンバーの力を最大限発揮できるような組織を作るための参考にしてもらえれば幸いです。

『鬼滅の刃』は昔の組織と今の組織の戦い？

鬼滅の刃を読んだとき、最初に面白く感じたのは鬼の組織と鬼殺隊との組織の在り方でした。仕事柄、多くの会社に接する機会がありますが、そこに当てはめてみると鬼の組織は昔（昭和）の組織で、鬼殺隊は今（平成・令和）の組織に通じるものがあると感じたからです。

例えば、鬼の組織は、鬼舞辻無惨《きぶつじむざん》というトップである一個人の目標達成をもとにした動きをしています。一方で鬼殺隊はパーパス経営（存在意義）の部分でも触れていますが、「無惨を倒し、鬼を根絶させる」という組織としての共通目標があるため、組織立った動きをしている点が異なります。

また組織構造として見ると、鬼の組織では十二鬼月という実力主義の序列がある垂直的な階層組織です。これは取締役、部長、課長、係長、主任といった具合に上下の役職を多く設ける組織に近く、服従させ下の意見を取り入れない、言動が硬直的になりやすいといった傾向があります。

対する鬼殺隊は柱同士が対等に意見を発するなど水平的な組織である印象を受けます。柱は個性的なメンバーも多く、互いを認める面もありながら、意見を衝突させる場面もあり、多様性のある組織の特徴が見受けられます。

特に際立つのは会議の場面です。鬼の組織では「パワハラ会議」と揶揄されるように、トップ（無惨）の考えこそが正解であり、たとえ下の人間が正論を言っても潰してしまいます。今でこそ、パワハラという言葉が認知されていますが、一昔前の職場ではよくある光景でした。

対して鬼殺隊では産屋敷耀哉《うぶやしきかがや》がボトムアップの形で、下の意見を受け止めて諭すように回答していました。全員に意見を求めていく会議の進め方は今の時代では当たり前になりつつあります。

このように鬼滅の刃という物語は、旧態依然とする鬼の組織と、今の時代の鬼殺隊との戦いでもあるように思うのです。ですが、鬼＝悪として描かれているものの、必ずしも昔＝悪いというわけではありません。無惨の組織は極端な形ではありますが、聖人君主のようなトップや情熱あふれるリーダーが引っ張る垂直的な組織で上手くいっている事例も多いですし、逆に鬼殺隊のように多様性のある水平的な組織が対立して離散してしまうケースも多いのです。

大切なのは、自分が属している組織が全体としてどのような構造になっているか、そのうえでチームとして自分がどう引っ張っていくのが良いのかを考えることです。鬼の組織と鬼殺隊の組織を参考にしながら読み直してみると、そのヒントが得られるかもしれません。

第肆章
チーム戦略の呼吸

壱ノ型　鬼滅の刃のアニメ制作過程から学ぶ！圧倒的成果を出すサプライチェーン・マネジメント

このページでは、

☑ 行き詰まりを感じているリーダー
☑ 安定して成果を出したいリーダー

そんな方へのヒントとして、「弱点を克服して突破口を開く方法」をお伝えします。

鬼滅の刃のアニメはヒットしたのは「当たり」を揃えたから

今回は今までと見方を変えて、アニメについての視点から経営を考えてみたいと思います。

鬼滅の刃が社会的現象となった大きな要因として、アニメ化による部分が大きいと言われています。一方で、アニメ化された漫画が数多くあるにもかかわらず、鬼滅の刃だけが爆発的人気が出た理由については意見が分かれています。

その一つとして、「ガチャの当たりを揃えたから」という声があります。いわゆるソーシャルゲームのガチャガチャで当たりを引いたイメージですが、単に一発大当たりを当てたということでなく「揃えた」という点がポイントです。この表現の裏にはアニメ業界独特の事情があります。

成功には様々な要素が絡む

アニメは音や絵を組み合わせた複合芸術に例えることができます。

音の面に注目すると、オープニングとエンディング曲が思い出されます。昔のアニメでは口ずさみやすい曲が好まれましたが、最近では有名アーティストが使われることも珍しくなく、「アニソン」と呼ばれるジャンルを確立しています。また劇中を盛り上げるBGMも重要な要素です。ここに力を入れるべく、小室哲哉、浅倉大介、中田ヤスタカなど有名な作曲家が起用されたケースもありました。

キャラクターに命を吹き込む声優に対する人気も高まってきており、主役や人気キャラを誰が演じるかという点も注目されます。

絵についても漫画の絵柄をもとにしますが、アニメと漫画で絵のタッチが乖離すればネット上で叩かれることも珍しくありません。

絵の表現も制作会社の作風・クセが出るポイントになります。例えば、スタジオジブリの作品は人の動きが細かい、料理をおいしそうに見せるといったような特徴があります。

このように音と絵だけに注目してみても、様々な見方・切り口が挙げられます。

また、盛り上げる場面に時間を割きつつ一話一話をどこで切って調整するか、マンガにないセリフをどのように加えるか、といった編集的な役割をする脚本家や、全体の制作進行をコントロールする監督の力も重要になります。そのほかにもたくさんの黒子となるスタッフがいて、一つのアニメを作るのに一〇〇人近くが関わっています。数多くのスタッフの力を結集して良いアニメを作ろうとする様は、まさしく組織運営の考え方・アプローチと重なります。

当たりを揃えるにはどうすれば良いか？

冒頭の話に戻りますが、それでは組織で「当たりを揃える」にはどうすれば良いでしょうか。一つの答えとしては一流選手を集めることです。

鬼滅の刃のアニメはこのアプローチに近いと言えます。オープニング・エンディングの歌手はアニソン界隈で有名な人物を起用し、ＢＧＭも実績のある著名人が作曲、丁寧ながら独特な雰囲気を作ることを得意とする制作会社が作画を担当し、声についても人気のある声優たちで固める、といった隙のないドリームチームといえる布陣でした。

一方でこのような方法はコストが莫大になる、メンバーについての採用権限が必要という欠点があります。当たりを引くために課金額を大きくするという方法は間違っていませんが、誰もがマネできるものではありません。

現実的な当たりの揃え方

現実的な方法としては「平均点を高くする」あるいは「○点を作らない」方法が有効になってきます。このやり方を考える上で「サプライチェーン・マネジメント」という考え方が参考になります。これはモノやサービスを提供するまでの一連の流れを、調達・生産・物流・販売・購買といった機能に分けて、それぞれの価値や課題などを考えるアプローチです。例えば全体のコストを下げるために、どの部門で費用が多くかかっているかといった検討をする際に用いられます。一九八〇年代にコンサルティング会社のブーズ・アレン・ハミルトンが提唱された考え方ですが、今では物流の世界では一般的になっている考え方です。

全体を俯瞰して見ることで、致命的な欠点、他に比べてクオリティが落ちる部分をチェックし、改善ポイントを探すといったことに使えます。

この考え方は組織だけでなく、個人レベルにも応用できます。「いい人なんだけど、アレがなければ」といったように、良いところがたくさんあるのに、一つの大きな欠点が全体の評価を落としてしまうことは良くありません。裏を返せば、その欠点が解消できれば全体的な評価が一気に上がることに繋がります。

欠点の解消のためには、まずはどこが欠点かを把握する必要があります。自覚が難しいようであれば、他の人から客観的な意見をもらうのも効果的です。ストレスがかかる部分でもあるため、信頼している人、尊敬している人に相談してみると良いでしょう。

〝炭治郎さんは全集中の呼吸を四六時中やっておられますか?〟

『鬼滅の刃』6巻　第49話　134頁

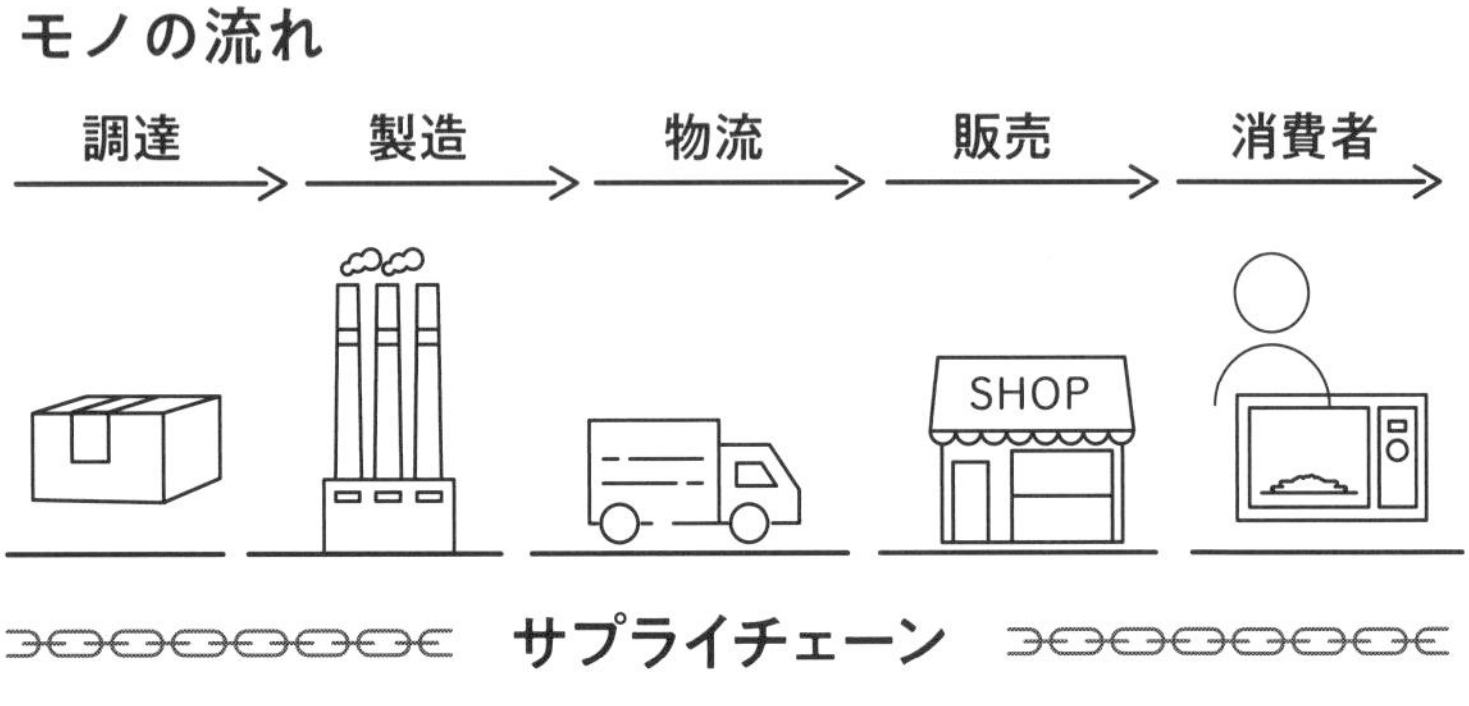

このシーンは、炭治郎が鬼との戦いに傷つき、リハビリをしているときの侍女たちとの会話の一幕です。
全集中の呼吸は鬼を倒すために必要となる身体能力を上げる基礎の技です。一方で身体への負担が大きく、炭治郎は鬼と戦うときに限定して使っていました。そのため、炭治郎は強い鬼と戦うための基礎体力が備わってないことを侍女から指摘されたのです。強くなる＝新しい技の習得をイメージしがちですが、基礎を固めることが強くなる近道であることを示したシーンでもあります。この言葉を受けて炭治郎は地道な修業に励み、欠点であった体力を向上させます。目立ちにくい場面ではありますが、○点をなくし、平均点を上げることで強い鬼と戦える力を手に入れたのです。

まとめ

短所を克服するのは簡単ではありません。ですが、炭治郎も地道な努力を重ね、修業に励んで強くなっていきました。

〝頑張れ!! 頑張ることしかできないんだから俺は昔から努力は日々の積み重ねだ!! 少しずつでいい　前に進め!!〟

『鬼滅の刃』6巻　第49話　138頁

この短所に対する努力の積み重ねこそが突破口を開くことにつながります。自分の弱い部分を見るのは精神的につらいところがありますが、対策することで想像以上に成果が上がることは珍しくありません。

成果が安定しない人、行き詰まりを感じている人は炭治郎の姿勢を見習って、短所の克服に挑戦してみましょう。そうすることで全体的な評価も高まるはずです。

弐ノ型　我妻善逸から学ぶ！専門特化と多角化戦略

このページでは、

☑ 多種多様な能力を求められるリーダー
☑ 何をやっても中途半端になってしまうリーダー
☑ 自分だけの強みを作りたいリーダー

そのような方々へのヒントとなると様々な分野の仕事をこなすために必要な順番についてお話をお伝えします。

炭治郎の仲間で、主要キャラである我妻善逸《あがつまぜんいつ》は、鬼舞辻無惨との最終決戦にて、元兄弟子である獪岳《かいがく》と対峙し見事に勝利を収めます。善逸は、壱の型『霹靂一閃《へきれきいっせん》』という一つの型しか使うことができませんでした。一方で獪岳は、壱の型は使えませんが、弐の型から陸の型まで、

5つの技を体得していました。

壱の型しか使えない善逸と、壱の型だけ使えない猗岳の不完全な者同士の一騎討ちです。

ちなみに、壱の型以外は、壱の型の応用であり、技のバラエティに富んだ猗岳の方に分があありそうに思えます。しかし、実際は壱の型しか使えなかった善逸が勝ちました。

理由は、以下の通りです。

①善逸は、基本となる壱の型を専門特化して極めたことで、最強のオリジナルの技を編み出すことができた。

②猗岳は、基本の鍛錬を怠ったが故に、応用技をいくら繰り広げても致命傷を負わせることができなかった。

善逸が勝った理由を、経営戦略で用いられる専門特化と多角化の関係性の観点から考察します。

専門特化と多角化の関係

まずは、専門特化と多角化について説明します。専門特化とは、『選択と集中』とか『一点突破』といったりします。一つの領域に経営資源を集中投入して小さな市場で戦う戦略です。
多角化とは、新たな市場で新たな商品を投入して複数の市場、商品で戦う戦略です。
経営視点では、単一事業をやっていると、経営環境（周りの環境）の変化に取り残されるリスクがあるので、多角化戦略を取ることは重要です。技術革新が著しい現代では、自社商品の優位性は簡単に陳腐化するため、多角化戦略はとても有効です。

そして、次世代を担うリーダーも、変化する世の中に対応できるように、能力を多角化する必要があります。

しかし、多角化戦略に打って出るためには、順番が重要であり、この模範通りに進めたから、善逸は猗岳に勝てたと考えられます。

善逸は、壱の型に専門特化しており、その上で、壱の型を応用して新しい技を作って多角化（ここでは、複数の技を使うことを『多角化』と定義します）しました。

一方、猗岳は、当初から、壱の型以外の型に力を入れ、複数の技による多角化戦略を取っていました。

専門特化してから多角化する

そもそも、専門特化と多角化とは、相反するような戦略だから、どちらか一方の戦略しかとれないと考えられがちです。しかし、ドラッカーは多角化するためには、まず、専門特化することが重要であるといいます。すなわち、専門特化してから多角化を目指す順番が良いと言っています。専門特化することで得られた知識や経験が、別の市場または新商品で差別化につながるからです。

善逸のオリジナルの技『漆ノ型《しちのかた》 火雷神《ほのいかづちのかみ》』は、一つの型を極めたことによって得られた知識や経験から編み出した技です。これは、壱の型を専門特化して鍛えぬいた善逸にしか作ることができない差別化された新技といえます。

ここで、専門特化から多角化して成功した企業の例を見てみましょう。アップルは、創業者のスティーブジョブズを追い出した時期がありました。しかし、その後、特徴のない商品のラインナップを広げた結果、倒産寸前に追い込まれました。ここで、アップルは、再度、ジョブズを経営者として呼び戻しました。戻ってきたジョブズは、多種展開していた四〇もの自社製品を四種まで絞り込み、専門特化しました。その上で、多角化戦略に打って出て、今の地位を築きました。まさに善逸の戦略ですね。

一方、専門特化せずに多角化した例を見てみましょう。小売業の盟主と言われた昭和の大企業ダイエーは、なんでも揃っているスーパーマーケットという地位を確立して、全国展開を成し遂げました。しかし、ダイエーはすべての商品が揃っているが、どれも中途半端な状態という顧客評価を受けてしまいます。また、本業である小売業には全く関係のない、プロ野球やレジャー、ホテル、教育機関、金融など様々な事業に多角化に乗り出しましたが、どの事業もうまく行かず、衰退の一途をたどることになります。これは、まさに、基本の型ができないうちから、中途半端にいろいろ手を付けた猗岳と同様ですね。

ここから学べることは、多角化戦略に打って出る前に、しっかり専門特化して自分の強みを作り、それを活かして多角化することが重要であるということです。ノウハウがないのに、多角化に出ても、大した力をつけることができないのです。

善逸は壱の型しかできなかったから、逆にそれを強みに徹底的に壱の型を強化することで、漆ノ型を編み出したのです。

専門特化するには誘惑ばかりだけど我慢

専門特化することが重要であるとわかっていても、世の中なかなかうまくいかないものです。何かを始めたとき、色んなことが目に留まり、気になります。

テニスを始めて、錦織圭がエアケイをやっていたら、マネしたくなる。応用やかっこいいテクニックを早くやりたくなってしまう。資格の勉強をしていても、他の専門学校のテキストが気になったり。もっと現場で生きる勉強が気になったり。

早くうまくなりたい、早く成長したい。早く知識を得たい。

その気持ち、よくわかります。

だけど、基本を怠って、応用やテクニックに走ってしまい、色んなことに手を付けると、結果として、猶岳のように、何もできない人間になってしまうのです。何か成し遂げたいと思うなら、やはり最初は我慢です。我慢して努力したら、善逸のように、『あれ、ここは人より優れている』という得意な点が見つかるはずです。

得意な点が見つかったら、その強みを極めて、他の分野にチャレンジしていきましょう。

この我慢で得られた専門的な能力が、他の分野でも、誰にもマネできない圧倒的な力の礎となるはずです。

まとめ

〝一つのことを極めろ〟

『鬼滅の刃』4巻　第34話　168頁

これは、善逸の師匠、桑島慈悟郎《くわじまじごろう》が善逸に言ったセリフです。一つのことを極めたその先には、あなたの大きな可能性が待っています。

肆ノ型　珠世《たまよ》の戦略から学ぶ！孫子兵法の『兵は詭道《きどう》なり』

このページでは、

☑ 正攻法のみに固執しがちなリーダー
☑ 成功のために手段を選ばないことに抵抗感があるリーダー

そのような方々へのヒントとして、珠世の鬼舞辻無惨《きぶつじむざん》に対する戦略から、相手を出し抜く戦い方をご紹介します。

今から約二、五〇〇年前に孫子によって書かれた『孫子兵法』。この戦略書は二、五〇〇年後の今でも、ビジネスという戦場で戦う経営者やリーダー達に、読み継がれています。この記事では『孫子兵法』のエッセンスと鬼滅の刃の共通点をご紹介します。

孫子兵法において繰り返し表現されているエッセンス、その本質は「兵は詭道《きどう》なり」ということです。

詭道とは、「相手を騙す」という意味合いになります。「相手を騙すなんて…」と拒否反応を示す方もいるかもしれませんが、勝つため、生き残るためには、騙すことも必要です。

珠世の戦い方は、まさに「詭道」

物語の終盤、珠世は無惨に「鬼を人間に戻す薬」を吸収させ、そのことを無惨に伝えます。ですがこれは本来、無惨にわざわざ伝える必要がない情報です。それなのに、あえて伝えたのはなぜなのか。それは無惨が人間返りの薬を分解しようとする時間を稼ぎたかったからです。

そして本当の狙いは時間を稼いだことにより、老化・分裂阻害・細胞破壊の薬の効果を効かせることでした。

もし、これらすべての薬の存在を無惨に知られていたら、無惨は戦わずに逃げてしまった可能性があります。これを防ぐため、珠世は一計を案じて四つの薬のうちの一つ、人間返りの薬のことだけを無惨にあえて伝えたのだと考えられます。

無惨からしても、長年襲いかかってくる鬼殺隊にうんざりしています。だからこそ逃げずに無限城に引きずり込み、鬼殺隊に上限の鬼をぶつけ、自分自身も参戦してケリを付けようとしたのでしょう。無惨の中では、時間を稼げば人間返りの薬は無効化できそうだという自信もあったわけです。そして実際に、無惨は人間返りの薬を無効化していています。しかし、その間にゆっくりと、老化・分裂阻害・細胞破壊の薬の効果が進行していました。

珠世の行動の裏には、無惨を騙そうという珠世の計画があったと思われます。これこそがまさに、『孫子兵法』の言う「兵は詭道なり」という考え方です。

「兵は詭道なり」は奥深い言葉で、色々な意味合いが込められています。これは騙すこと自体が目的というよりは、騙すことで相手を自らのコントロール下に置く、という意味合いを包含した言葉です。

また『孫子兵法』では、如何に相手の手の内を読みつつ、自分の手の内は明らかにしない、というマインドゲーム（心の読み合い）を推奨しています。珠世の行動からは、この『孫子兵法』のエッセンスを読み取ることができます。

まとめ

『孫子兵法』における「兵は詭道なり」は、相手を騙す卑怯なことではなく、勝利をするために究極まで思考を研ぎ澄ませる、という姿勢の表れとも解釈できます。

珠世の場合、無惨に対するセリフからその意思が感じられます。

〝お前が生きるために手段を選ばないように
私も…　私たちもお前を殺すために手段を選ばない〟

『鬼滅の刃』23巻　197話　8頁

この考え方は、大切なものを守るために、正攻法にこだわるあなた自身のエゴやプライドを捨てられるか、という問いに近いかもしれません。

また、自分は詭道を使わないとしても、相手が詭道を使い、自分をコントロールしようとすることもあります。そのような相手に対抗するために「兵は詭道なり」という概念を理解することは、リーダー自身や大切なメンバーを守るためには重要と言えるのではないでしょうか。

あなたはビジネスにおいて、どれくらい、珠世のように思考を研ぎ澄ませていますか？「兵は詭道なり」を日々の仕事において実践するとしたら、あなたにはどんな選択肢が新たに浮かんでくるでしょうか？「兵は詭道なり」を実践しつつ、あなたがあなたらしく誠意を持って日々を生きる。この両者を両立させられるとしたら、どんな可能性が生まれてくるでしょうか？

『鬼滅の刃』によく出てくる「太陽と月」の対比

『鬼滅の刃』の物語には、太陽と月の対比を想起させる関係が多く出てきます。たとえば、こんな関係が見つかります。

【人間と鬼】

太陽は昼間に顔を出し、月は夜に顔を出します。

それと同様に、人間は昼に活動し、鬼は夜に活動する。十二鬼月もその名前に「月」が明確に刻まれています。鬼舞辻無惨は、鬼が夜の生きものであることを意識して十二鬼月と名付けたのでしょうか。

【継国縁壱《つぎくによりいち》と継国巌勝《つぎくにみちかつ》】

縁壱は日の呼吸を扱う剣士で、巌勝は月の呼吸を扱う鬼です。なお、月は光っているように見えますが、それは太陽の光を反射しているだけで、自分で光り輝くことはできません。

縁壱のようになりたいと思っていた巌勝は、結局理想の姿にはなれませんでした。けれど、もし縁壱を頼ることができていたら、巌勝の人生は別の方法で輝けたのかもしれません。

【竈門家と時透家】

竈門《かまど》家はヒノカミ神楽（日の呼吸）を伝承してきました。一方、時透家には月の呼吸を伝承してきたというエピソードはありません。

しかし、巌勝の子孫である時透無一郎の霞の呼吸は、技名に月を連想するものが多いのです。たとえば陸の型は『月の霞消』、漆ノ型は『朧《おぼろ》』です。朧とは、「ぼんやりとした、かすんだ」という意味で、朧という漢字は月が由来です。この点から、竈門家と時透家は、太陽と月の対比になっている印象を受けます。

このように太陽と月、つまり陰と陽を用いた設定や表現は、『鬼滅の刃』に限らずよく見られます。陰陽は対立するようでいて一体でもあり、奥深い関係なのです。

たとえば、作中で人間と鬼は対立していますが、そもそも鬼は人間から生まれた生きものです。吾峠呼世晴先生は、人間が鬼を倒す勧善懲悪を描くとともに、鬼もまた人間であったという悲哀も描いています。同じ人間であった者たちが、それぞれのストーリーをたどっていくうちに完全に対立する存在となる。そこに矛盾はありません。

ここには、現代のリーダー論に通じるヒントがあります。リーダーはチーム全体を見渡す存在です。そのリーダーから見て、有能なメンバーだった者が、次第にチームになじまない存在になっていくように見えることもあるでしょう。

リーダーは個人個人を見るだけでなく、チーム全体の利益に責任を負う立場であるからです。チームメンバーの変容。それを対立と捉えるか、その人のストーリーをたどって理解を示すのか、リーダーは二つの捉え方があることを意識する必要があります。

そして、「対立を咎める」「変容を許容する」あるいは「その両方の視点に立つ」と都度どのような視点で判断したとしても、リーダーの使命を果たすという目的の下において行われる行動に矛盾はないのだと思います。鬼滅の刃とは勧善懲悪だけを描いているわけではありません。同じように、リーダーであるならば、物事には陰陽がありどちらも正解なこともあるのだと意識しておくと、視野の裾野が広がるのでは、と考えます。

第伍章　個人スキルの呼吸

壱ノ型　炭治郎に学ぶ！　ＤＸ大変革の時代に使えるアンラーニング

このページでは、

☑ 従来の積み重ねを超えた大きな飛躍を模索するリーダー
☑ 社会の大きな変化に頭を抱えているリーダー

そのような方々へのヒントとなるアンラーニングの考え方をお伝えします。アンラーニングとは「学ばない」ということではありません。硬直した知識・スキルにこだわらずにビジネスの仕方を組み立て直すという意味です。

ドコモの新料金が伝えること

さて、ＩＴの浸透など世界中で社会が大きく変わりそれに対応しなければならないといわれていますが、身近な例としてはドコモのスマホ通話料の新料金発表が挙げられます。二〇二〇年十二月に携帯事業の先駆者としてこれまで強気の価格帯とブランド力を誇ってきたドコモが大幅値下げのプランを発表したのです。

過去の実績と目下の収益を上げ続けていた安定のビジネスモデルを今捨てなければ、徐々に顧客は流れ、いつしかこのモデルの維持が大きな負の財産になる。目の前の億単位の利益を捨ててでもビジネスを再構築しなければならない、という社会になりつつあるのを私たちも目の当たりにしているのです。

炭治郎が鬼と戦う時に使う技は「水の呼吸」といいます。炭治郎は努力し、力を付け、鬼殺隊に入隊後も水の呼吸の技を用いて鬼との戦いに勝ち、人々を助け、生き抜いています。

いわば水の呼吸は炭治郎にとっての頼るべき切り札、成功体験、努力の結晶です。

炭治郎自身もこの技を今後も用いていくこと、そして強化していくことに何の疑問もなかったと思います。

しかし、炭治郎は十二鬼月とよばれる強敵「累《るい》」との戦いにおいて自身が磨いてきた水の呼吸の技では敵に到底勝つことができないという現実に直面します。

自分の成功体験を積んできた技、努力の結晶が役に立たないことを悟ったとき炭治郎は全く新しい技を繰り出してこの状況を打開します。

それはかって幼い時に見た父の舞踏の動きを真似たもので、これまで使ったことのない技「日の呼吸」となって敵にダメージを与えたのでした。

注目したいのは、炭治郎が最後の最後まで水の呼吸にしがみつくことはしなかったということです。もし炭治郎がこれまでの努力や成功体験に最後までしがみついていたとしたら確実に敵にやられていたでしょう。この土壇場での柔軟さ、とらわれないで新しいことを始める姿勢は正にアンラーニングの重要な要素です。

ビジネスはその日その日が、現実の言わば土壇場の状況にあるといえるでしょう。そこで過去にとらわれずに動けるか否か、始めていけるか否かがアンラーニングの肝となります。

アンラーニングとは「学習棄却」と訳されます。

新しい学びをすること＋従来の成功体験を伴う知識や方法を捨てること

厳しい環境変化に対応するためにはこのアンラーニングが必要です。

仕事のアンラーニング

書籍『仕事のアンラーニング』（松尾　睦　同文舘出版）によれば、これからのビジネスのカギは「アンラーニング」であるといいます。

アンラーニングは、冒頭でお伝えした通り硬直した知識・スキルにこだわらずにビジネスの仕方を組み立て直すという意味です。そして、一度形式的にそれをすればよいというものではなく、これまで培ってきた具体的な知識や経験、手法にとらわれずに、もっと根本的なビジネスを始めたころの「学びの姿勢」や「成長しようとするマインド」にまで遡って、知識やビジネスを再構築する技術です。

炭治郎の修行との向き合い方は、非常に柔軟で、アンラーニングをする心構えを体現しているようです。従来の修行の上に、信頼できる情報をもとに新しい画期的なやり方を素直に取り入れ再構築しています。ビジネスにおいても時代に即した新しいやり方、新しいサービスを加えて従来のビジネスを構築し直すことがコロナ後の社会に求められています。

リーダーのアンラーニング

リーダーは、知識だけでなく経験によって成長し、そして経験の蓄積によりリーダーであり続けます。しかし、そのような確固たる組み合わせが通じなくなる社会が来ようとしているとき、この「アンラーニング」の視点が、行き詰ったチームやリーダーとしての采配に活路を与えてくれます。

経験の蓄積は価値あることですが、同時にノウハウの固定化という副産物も生み出しやすいのです。過去の実績と目下の収益を上げ続ける「ノウハウ」。これほど安心、安定の宝があるでしょうか。しかし、突き詰めて考えたとき、もっと大切なものがあります。それは「なぜリーダーになれたのか」というノウハウのバックグラウンドです。

これまで培ってきた知識や経験にとらわれることなく、ノウハウのバックグラウンドまで遡って自分自身またはチームを再構築する（アンラーニングする）ことで今後の社会でもアドバンテージをとれるリーダー、チームになるのです。リーダーとして自分自身のアンラーニング、自分のビジネスのアンラーニングはとても険しいものです。良いものを自ら捨てる覚悟がなければできないのです。

しかし、それほどの覚悟をもって新しい知識を学び、これまでの成功体験を伴う経験を捨てて取り組まなければついていけない程の時代の変化が来るとも言われています。

まとめ

ビジネスを始めたとき、あるリーダーの下で働くメンバーだったとき、「あの人のやり方は古い」「もうそんなやり方は通用しない」などと考えたことはありませんか。もしくは世の中のビジネススタイルをみて「古いな」と感じたことはないでしょうか。しかし、それらのやり方もかつては成功を収めた実績のある方法であったり、社会の常識であったりしました。

アンラーニングとは、自分自身に対して「このやり方は古いのではないか」「もうこんなやり方は通用しないのではないか」と真剣に考えることだと言い換えることができると思います。何十年もどっぷりと浸かったビジネススタイル、受け継がれてきたものを捨てるのはベテランリーダーほど難しいことでしょう。しかし、これができれば時代が移り変わってもその時々に即したリーダーとしての力を発揮できることでしょう。

『成功体験』という縛りからもリーダーを解き放ち、自由な発想と研鑽の道を切り開くきっかけになれば幸いです。

弐ノ型　炭治郎の「隙の糸」から学ぶ！ビジネスにおける直感の重要性

このページでは、

☑ 自分の能力を一層高めていきたいリーダー
☑ ビジネスにおける自分の判断をより研ぎ澄ませていきたいリーダー

そんな方に、「隙《すき》の糸」からの考察を踏まえて、ビジネスにおける直感の重要性について論じていきます。

炭治郎は戦いの中、「隙の糸」というものが見えるようになります。この「隙の糸」は、戦いの相手の隙を見出したことを示す表現です。この糸に従って相手に切り込むことができれば、敵に刀を届かせることができる、というものです。

「隙の糸」とは

そもそも、隙の糸とは何だったのでしょうか？　隙の糸は「炭治郎の直感が視覚化されたものだ」と考えています。

炭治郎が初めて隙の糸が見えるようになったのは、鱗滝の元での修行中、錆兎を倒したときです。その際、炭治郎は以下のように述懐しています。

〝誰かと戦っているとき　俺がその匂いに気づくと糸は見える〟

『鬼滅の刃』1巻　第6話　15頁

つまり「隙の糸」は、元々は見えないが、炭治郎が気づくと初めて見えるようになる、というものです。

炭治郎が相手の隙に気づいたということが、視覚で表現されたものなのでしょう。これは漫画的表現のようですが、実際に似たようなケースもあるようです。

聞いた話ではありますが、天才的に数字の間違いを見つける能力のある公認会計士の方は、間違っている数字が浮き上がって違う色に見えるそうです。

該当箇所の数字が間違っていることに直感で気づき、その直感が視覚を通じて伝えようとしているのだと、解釈できます。「なにかくさいぞ…」という表現も、直感的に感じていることを五感のうちの嗅覚を使って表現しています。このように、直感が身体に働きかけて、自分にその見解を伝えるということは、実は実験で確かめられています。

『サーチ・インサイド・ユアセルフ ― 仕事と人生を飛躍させるグーグルのマインドフルネス実践法』（チャディー・メン・タン 一般社団法人マインドフルリーダーシップインスティテュート 英治出版）という本に、アイオワ大学の科学者達の大変興味深い実験が紹介されています。

この実験では、被験者に、カードを選んで引かせます。カードには報酬額あるいは罰金額が書いてあり、引いたカードの報酬をもらえ、あるいは罰金を支払うというものです。カードは二種類あり、青いカードには報酬が、赤いカードには罰金が書いてあります。カードに書かれた内容の法則については被験者に説明しませんが、被験者は五〇枚ほどカードをめくると、その法則に気が付き始めるそうです。

さて、ここからがこの実験の本題です。被験者に手のひらの内側にある汗腺の活動を測定する、うそ発見器を付けました。汗腺の大半は温度に反応するのですが、手のひらの汗腺だけはストレスを受けたときにも開きます。つまり、人間はうそをついたり、不安になると手のひらが湿っぽくなるのです。

うそ発見器を付けたまま実験を進めると、被験者達が一〇枚ほどをめくった頃に赤いカードに手を伸ばすと、手のひらの汗腺が開く、すなわち、ストレス反応を示し始めた、ということが分かりました。つまり、「赤いカードがよくないようだ」と本人が気づくより四〇枚も早く、体が赤いカードの危険さに反応している、ということです。

これは、本人がまだ言語化できていないことまでも、実は潜在的な直感として気づいており、手のひらに汗をかくという身体反応を通じて伝えようとしている、とも考えられます。

経営の世界でも、直感が見直されている

このような優れた直感を生来持っている我々ですが、実は昨今、経営の世界においても直感が見直されてきているそうです。

『世界のエリートはなぜ「美意識」を鍛えるのか？～経営における「アート」と「サイエンス」』（山口　周　光文社新書）という本では、世界の名だたるグローバル企業が、各社の将来を担うと期待される幹部候補を、アートスクールや美術系大学のトレーニングに大量に送り込み始めている、ということが紹介されています。

これは、決して無目的に教養を身につけようとしているのでなく、ビジネスにおいて成功するために「美意識」を鍛えていると、著者の山口周氏は指摘しています。

この本は、経営というものが何かといったことや、今日、経営者が何に直面しているかを、

見知らぬ角度から切り取って表現をしてくれる良書ですので、もしご関心をお持ちいただけたなら、読まれてみると良いかと思います。

以下、本からの抜粋を数行、紹介させてください。

「彼らは極めて功利的な目的のために、「美意識」を鍛えている。なぜなら、これまでのような「分析」「論理」「理性」に軸足をおいた経営、いわば「サイエンス重視の意思決定」では、今日のように複雑で不安定な世界においてビジネスの舵取りをすることはできない、ということをよく分かっているからです。」（『世界のエリートはなぜ「美意識」を鍛えるのか？～経営における「アート」と「サイエンス」』山口周　光文社）

山口周氏は、美意識という言葉で表現をされていますが、これは「直感」とも言いかえられるものです。

仕事における直感

さて、今度は、日々の我々の職場に目を向けてみましょう。

「あれ、まずいかもしれない…まあ、いっか」

と思うことはないでしょうか。そんなとき、実はあなたの直感が警告をしているのかもしれません。

また、何か失敗をして、

「あ、今思えばあのとき…」と思うときは、実はあなたの直感は、最初から気づいていたのかもしれません。数秒で下した決断と、時間をかけて熟考した決断の精度が実際にはほとんど変わらなかった、とも言われています。

もちろん、だからといって、論理的に考えるということをおざなりにしてよいというわけではないでしょう。

私達は、自らの直感と論理性を、高次に統合していく必要もあるでしょう。

しかし、日々の仕事においては、論理的に考えはするものの、自分の直感に耳を澄ませる、ということは、なかなか少ないのではないでしょうか。

時には、あなたの内なる直感の声に耳を傾けてみませんか？　あなただけに見える「隙の糸」が見えてくるやもしれません。

まとめ

昨今、ビジネスの世界でも、直感の重要性が見直されています。

私達は日々、色々な事を感じ取っており、そこには深い洞察が含まれています。

その日々の仕事の中で感じる直感を信じて、論理的考察と組み合わせ、仕事に活かしていきましょう。

参ノ型　炭治郎から学ぶ！ 個人と組織の成長に活かす マネする姿勢

このページでは、

☑ マネすることは後ろめたいと思っているリーダー
☑ 誰をマネしたらいいか分からないリーダー

そのような方々へのヒントとなる「マネしてチームを成長させる方法」をお伝えします。

『ヒノカミ神楽　円舞一閃』

これは、『ヒノカミ神楽《かぐら》　円舞《えんぶ》』と雷の呼吸・壱ノ型『霹靂一閃《へきれきいっせん》』を合わせた技です。炭治郎が、善逸の言葉をヒントに編み出しました。炭治郎は、常に、現状を打破するために、人から学ぼうとする姿勢があるので、このようなオリジナルの技を編み出すことができるのです。ですが、この『円舞一閃』は、父、炭十郎の神楽の踊りのマネと善逸の霹靂一閃のマネでできた技ともいえます。

マネをすることは自分で考えずに答えを求めているイメージで、ともすれば、ズルをしているように感じて後ろめたく思う方がいるかもしれません。

そこで今回は、マネをすることが成長につながり、マネとマネをかけ合わせるとオリジナルになるということを著名人からも学びます。そして、私達は誰のマネをすればいいのかについて考察していきたいと思います。

人類はマネで成長してきた

人は生まれたときには、言語が一切話せません。しかし、親のマネをして、言葉がしゃべれるようになって成長していきます。食事の仕方もペンの持ち方もすべてマネをして、体得しています。元プロ野球選手のイチローさんは、

「マネしようとするときが一番成長するとき。その姿勢を大事にして」

と過去の会見で話していました。

従って、人はマネをすることで、常に成長しているのです。

マネ×マネ＝オリジナル

炭治郎の『円舞一閃』は、父、炭十郎の神楽の踊りと善逸の霹靂一閃のマネした結果、できた炭治郎のオリジナルの技です。つまり、「マネ×マネ」の方程式は、オリジナルになるのです。

オリジナルとはマネの掛け合わせによってできるので、マネをすることはオリジナルを作る第一歩なのです。アーティストの米津玄師さんは、インタビューで次のように述べています。

「いろんな場所から何かをピックアップしながら今の自分が生まれていると思うんですよ。（中略）自分が作りたいものは普遍的なものであって、それはいろんな人間の根本に流れている何かだと思うんです。そう考えると、やっぱりどこかで聴いたことがあるものなんですよね。だから、俺はオリジナリティなんてどうでもいいと思っている。

自分というものは、所詮偽物である。いろんな人間から教えてもらったり、譲り受けたり、噛みちぎったものから成り立っている。そういう継ぎはぎのコラージュのような自分は、ある種ものすごく透明な存在だと思っているし、そういう人間がわざとらしく開け放たれた扉ではない〝奥のほう〟に進んで行けるんだと思う。」（音楽ナタリー　米津玄師「BOOTLEG」インタビュー）

米津さんは、オリジナリティなんてものは存在しないし、あったとしてそれはノイズでしかないとも言っています。しかし、米津さんの曲は、明らかにオリジナリティあふれた楽曲を作り出していると感じられます。

つまり、マネを追究していけば、必ずオリジナリティにつながることを証明してくれているのだと思うのです。

守破離

では、真似からどのようにオリジナリティにつながっていくのでしょうか。

武道や芸能などの世界で良く使われる言葉に『守破離《しゅはり》』という言葉があります。修行を積む過程での順序を表す言葉で、独自の境地を拓く道筋として師の流儀を習い学ぶことの教えだそうです。

簡単に説明すると、

守……師の教えをそっくり忠実に守ることで、師の教えを守ってそれを繰り返し、基本を習得すること。

破……師の教えをすべて自分のものにしたうえで、自分の新しい工夫と努力を加えて徐々に基本を破ること。

離……師の教えから脱皮しさらに修練・勉強を積み重ね自ら一つの境地を築き上げること。

つまり、人のマネをどんどんしながら「型」を作り、自らその型を破ることで、「型破り」なことを行っていくというステップを踏むこと、これがオリジナリティの形成の手順なのです。

真似がオリジナリティにつながることは、現パナソニックの創業者 松下幸之助氏、現京セラの創業者 稲盛和夫氏、ジブリ作品でおなじみ宮崎駿監督も話しています。スポーツにしろ、芸術にしろ、仕事にしろ、リーダーシップにしろ、同じことが言えるのです。

まずは身近な人をマネする

では、私たちは、誰からマネをすればいいでしょうか。

私達は、沢山の人とふれあいながら、生活しています。部活動ではうまい先輩、仕事ではできる先輩がいるでしょう。

そういった身近な人の中で、尊敬する人を選んで、積極的にマネしましょう。

真似がすべての基礎になる

ただし、こんな人も多くいるのではないでしょうか。

「そもそも部活動はそんな上を目指しているわけでもないから、それなりでいいんだよ」とか「転職するので、別に今の仕事でできる人のマネなんてしても、次の仕事では活かせないよ」「どうせ将来は違うことやるんだから、マネなんてしたところで無駄だ」。確かに、人生の中で、やりたいことや目指すべき目標は、変わっていくものです。

従って、今、目の前のことをするときに、身の回りの人のマネをすることにどれだけ意味があるのでしょうか。

この点について、炭治郎の例を見ていきましょう。炭治郎は、最初、鱗滝左近次《うろこだきさこんじ》の元で、水の呼吸を伝授してもらいました。しかし、最終的には、水の呼吸の力では強い鬼に対応できず、ヒノカミ神楽という新たな技を完成させ、鬼舞辻無惨《きぶつじむざん》を倒すことになりました。しかしながら、もし、鱗滝左近次に全集中の呼吸を教えてもらえてなければ、ヒノカミ神楽は完成していなかったでしょう。

確かに、目標達成に必要なことは、始めた時点では分からないものです。ですが、まずは、身近な人の中から手本になる人を探し、その人のやり方を我武者羅にマネをし、そこでマネをしたことが、基礎となり、必ず最終の目標達成の手助けになると私は考えます。ぜひ、今、目の前のことに、真似をすることで、全力で取り組んでみてください。

過去から学べ

鬼殺隊は、『日の呼吸』『痣《あざ》』『赫刀《かくとう》』『透き通る世界』という能力を使って、無惨を追い詰めました。しかし、実は、これらすべて、過去に継国縁壱《つぎくによりいち》が鬼舞辻無惨を追い詰めたときに使った能力でした。

つまり、無惨を倒すヒントは、すべて過去にあったわけです。

この点について、イタリア・ルネサンス期のフィレンツェの政治思想家である、マキャベリは、今から五〇〇年前にこのように言っています。

「多くの場合、君主が直面する選択は、すでに〝過去のリーダーが答えを出した成功事例と失敗事例〟があるのだから、重要な参考にすべきである」

『古代から現代までの2時間で学ぶ戦略の教室』（鈴木 博毅　ダイヤモンド社）

五〇〇年前から「リーダーは、過去のリーダーから学べ」と言っているのです。つまり、私たちがやろうとすることには、過去、すでに、同じことをやろうとし、成功した人がいるのです。成功した人は、試行錯誤の上、たどり着いた方法によって成功しているはずです。ですから、その過去の成功者のやり方をマネすることが成功の近道になるのです。

ここで、星野リゾートの星野佳路さんは、過去の経営学者などの経営理論の本を「これが教科書だ」と信じ込んだらマニュアルのようにその本を持ち歩き、徹底的に真似をしているといいます。

やはり、経営においても、過去に学んで真似ることが重要なのです。

現在の成功者に直接聞く

ちなみに、マネをする対象は、過去成功した人にこだわる必要もありません。現在、成功している人が存在する場合には、直接聞きに行って、聞いた内容をマネをすればいいのです。ソフトバンクの孫正義氏が幼いころから実践している行動に、マウンテンガイド理論というものがあります。

マウンテンガイド理論とは、目標を最速で達成するために、人の力を借りる手法のことです。

初めて登る山に安全かつ一番短い時間で登るためには、その山に詳しいガイドを雇うのが一番です。ガイドは危険なポイントを教えてくれたりしながら、道案内してくれます。ガイドがいなければ、途中で道に迷ったり、何度も引き返したりしながら進むことになってしまうのです。

実際、孫氏が、まだ無名だった一六歳のときに、日本マクドナルドの創業者である藤田田氏に会って、「これからの時代、何を勉強したらいいか」と質問したらしいです。そのとき、藤田氏は、「これからの時代は、コンピュータの勉強をすべきだ」とアドバイスしたそうです。そして、この言葉が孫氏のビジネスの歩みを決定づけたとのことです。（『孫正義社長に学んだ「10倍速」目標達成術』三木雄信　PHPビジネス新書）

このマウンテンガイド理論において、『その道の成功者や経験者の話を直接聞く』という発想が重要なポイントだと思います。

意外と実践できている人は少ないのではないでしょうか。現在進行形で成功している人のやり方をそのまま真似ることができたら、目標達成の最短ルートになりますよね。

成功者の方々は、意外なことに、自信や余裕があるので、ノウハウを隠すことなく、一生懸命教えてくれるものです。ですから、みなさんも、勇気をもって、目標とする道の成功者に直接、話を聞きに行きましょう。マネが、最速で目標達成の手助けをしてくれるはずです。

炭治郎はなぜマネがうまいのか

最後に、鬼滅の刃に戻ります。炭治郎は、なぜ、マネがうまいのでしょうか。私は以下の二点が炭治郎にはあるからだと考えています。

①目標を絶対、達成したいという強い気持ち
②自分に奢ることなく周りの人を心から尊敬する姿勢

目標を絶対、達成したいという気持ちがあれば、苦難が起きても心が折れず、最後まであきらめない力になります。何か打開策がないのか、一生懸命考えます。炭治郎の場合、友や師匠の声が頭をよぎります。

また、周りの人を心から尊敬しているからこそ、人の長所が見え、自分に奢っていないからこそ、その長所を忠実にマネをすることができるのです。

マネにより成長スピードを加速させるためには、炭治郎のように、謙虚さを持ちつつ、目標達成に貪欲さを忘れずにいることが大事なのです。

ぜひ、リーダーのみなさんも、チームの目標達成のために、謙虚さを忘れずに徹底的にマネをしていきましょう！その先に、唯一無二のオリジナリティの世界が待っているはずです。

肆ノ型　煉獄瑠火《れんごくるか》の言葉から学ぶ！　自分の能力への謙虚な向き合い方

このページでは、

☑ 努力を通じて自分の能力を高めてきたと感じているリーダー
☑ メンバー、周囲の共感を得ていきたいリーダー

そんな方に、自分の能力への謙虚な姿勢が重要だということをお伝えしていきます。

煉獄杏寿郎《きょうじゅろう》の母、煉獄瑠火の言葉にこんなセリフがあります。

〝なぜ自分が人よりも強く生まれたのか分かりますか
弱き人を助けるためです
生まれついて人よりも多くの才に恵まれた者は　その力を世のため

人のために使わねばなりません
天から賜りし力で人を傷つけること
私腹を肥やすことは　許されません〟

『鬼滅の刃』8巻　第64話　62頁

これは、子供時代の杏寿郎に向けたセリフです。このセリフについて、あなたはどう思うでしょうか。

能力を生まれ持った人が、どのようにその能力を使うべきかについては、様々な意見があることでしょう。

今回は、自分が生まれ持った能力、あるいは、「自分が努力して勝ち得た能力」も、運に過ぎないかもしれない、という話をご紹介いたします。

ノブレス・オブリージュ

「ノブレス・オブリージュ」という言葉をご存じでしょうか?　元々は、フランスのことわざで、「貴族たるもの、身分にふさわしい振る舞いをしなければならぬ」という意味のものです。

そこから転じて、現代の西欧社会では、生まれ持った能力・才能は、それに応じて社会的責任を果たさねばならぬ、というような意味合いで使われるようです。

何かを生まれつき持ちえた人間は、その得たものを社会に還元せよ、なぜならば、それはたまたま備わったものなのだから。というような意味合いも背景に含まれた考え方です。

代々、鬼殺隊の柱を輩出している名門である煉獄家において、瑠火が杏寿郎に伝えた冒頭の言葉も、ノブレス・オブリージュと同じ方向性の言葉と考えられます。元々の家柄や生まれつき備わった遺伝に基づく能力について言及したものです。

一方で、家柄や遺伝に関係なく、自身の努力によって備わった能力についてはいかがでしょうか？ 自ら努力して勝ち得たものは、自分の功績によるものだと誇ってよいものでしょうか？

今、実はこの点が、大きな社会問題として提起されています。

努力して勝ち得た「能力」は誰の功績によるもの？

アメリカのハーバード大学の教授をしているマイケル・サンデル氏が、この問題提起を行った『実力も運のうち 能力主義は正義か？』（マイケル・サンデル 鬼澤 忍訳 早川書房）という本があります。

この中でサンデル氏は、アメリカにおいてこれまでに無いほどに強い分断が産まれている理由として、「能力主義」を挙げています。人は家柄ではなく、自ら努力して勝ち得た能力によって成功できるという、アメリカン・ドリーム。能力、というものさしのもとでの平等。この考え方に人々は熱狂しました。努力して自分の能力を上げさえすれば成功できる。それによって、高い収入と、周りからの称賛を受けることができる。それは自分が受けるに値する。なぜなら、自分はそれだけの努力をしてきたのだから。

この考え方、今を生きる私達にとって、個人としては、それなりに納得できるものではないでしょうか。ですが、サンデル氏は、この考え方こそが、分断を産んだと主張をしているのです。サンデル氏は、そもそも、努力をできるような環境はなぜ整っているのか、と問います。あなたが学校に行けるのは、塾に通うことができたのは、勉強に集中できたのは、たまたまそのような環境に生まれたからに過ぎない。なのに、自分の努力が成功の源であるかのように主張し、成功者がその成功が自分が努力したからだと言う。それは暗に、成功していない者が、努力をしなかったからだという意見を示している。

一方で、この考え方は、成功者以外の人々をも蝕んでいる。自分が高収入を得ることができなかったのは、自分が努力をしなかったからだと。サンデル氏は、このような自分が努力して獲得した能力が成功の源であるという能力主義は、成功者には驕りをもたらし、高収入を得ることができなかった人からは自信を失わせていることを指摘します。

そしてこれが、資本主義における成功者とそうではない者の間に、大きな断絶を産んでいるということです。

この考え方について、どう思うでしょうか？　私は今までは努力は無条件に素晴らしいものだと思ってきていました。「努力する炭治郎はすばらしい！　自分も頑張ろう！」と。

ただ、サンデル氏のこの考え方を知って、少々自分の足元が揺らぐような感覚を覚えました。サンデル氏の考えを、我々はどう受け止めるべきでしょうか？

サンデル氏の考えの活かし方

努力自体を否定するものではありません。努力自体は尊いことであり、それを追求することで、見える可能性や手に入るものはあるでしょう。

ですが、自分が努力をできるような環境にあること自体が、そもそも、運に恵まれたことであり、世の中には、努力すらできることが許されない環境に育った方もいることにも、想いを馳せるべきではないでしょうか。

そのように思うことで、私達は謙虚さを身につけることができるはずです。

まとめ

杏寿郎は、瑠火の言葉を胸に、日々のつらい修行を乗り越え、驕ることなく、柱としての責務を務め切りました。

煉獄家は、代々炎柱を輩出してきた名門です。お屋敷の様子からも裕福な家庭であることが伺えます。このような環境があったため、杏寿郎は幼少期から修行に自らのすべてを注ぎ込むことができたと考えられます。

このような努力できる環境があったことは、杏寿郎の努力の価値を下げるものではありません。むしろ、「努力できる環境が偶然あった」ということを認識することは、瑠火の教えを実践するために、プラスに働くのではないでしょうか。

「私は瑠火の言葉、杏寿郎の生きざまに恥じない人生を送っているだろうか？」

ということを考えながら、日々を過ごしていこうではありませんか。

伍ノ型　甘露寺蜜璃と胡蝶しのぶから学ぶ！個性を活かして活躍する方法

このページでは、

☑ 他人との違いに悩んでいる人
☑ 個性派のメンバーをどう活かしたらいいかに頭を悩ませているリーダー

そのような方々へのヒントとなる個性を活かすためのお話をお伝えします。

みなさんは、自分が他人と違うと感じることはありませんか？ そんなとき、周りが受け入れてくれなくて、息苦しいなぁと感じることはありませんか？

恋柱の甘露寺蜜璃《かんろじみつり》は、個性が強すぎて、自分らしさと葛藤し続けた人生を送りました。一方、蟲柱《むし》の胡蝶《こちょう》しのぶは、鬼に殺された姉・胡蝶カナエの代わりになるために、個性を押し殺してきたように見えます。

この二人の対比をして、二人の意外な共通点から私たちがどのように個性を活かして生きるべきかのヒントを学んでいきましょう。

AIでなんでもできてしまう時代が近づいている今、チーム一人ひとりの個性をどう活かしていくかでチームの未来は変わるでしょう。リーダーは、メンバーの個性に目を向け、それぞれの個性を活かすリーダーシップを意識する必要があります。

悩み続けた甘露寺蜜璃の人生

蜜璃は、お見合いを繰り返し行っていましたが、お見合い相手の男性に嫌われて毎回破談になっていました。破談になった理由は以下のようなものでした。

・髪の色が奇天烈
・食欲が旺盛すぎる
・筋肉密度が常人の八倍で男の人が持てない石を軽く持てるほどの力持ち

そして、イノシシと揶揄されることもありました。

男性に気に入られたい蜜璃は、髪を黒く染め、お腹いっぱい食べるのを我慢し、弱々しいふりをしてみますが、このまま自分らしさを隠して一生を生きていくことに疑問を抱きます。その結果、自分をそのまま受け入れてくれる殿方を探すために、鬼殺隊に入ります。

つまり、蜜璃は、自分を認めてくれないお見合い市場から、自分を認めてくれるかもしれない鬼殺隊市場に生きる場所を変えたのです。

その後、鬼殺隊に入って、炎柱の煉獄杏寿郎《れんごくきょうじゅろう》の元で修行を積みます。途中、炎の呼吸もなかなか習得できず悩みましたが、炎の呼吸に縛られずに、自由に戦ってみて蜜璃オリジナルの恋の呼吸を習得して柱に昇りつめます。しかし、他の柱のほとんどが家族を惨殺されて鬼殺隊に入っていると聞いて、不純な動機（素敵な殿方を探すため）で鬼殺隊に入った自分を後ろめたく思って悩みます。悩んだ蜜璃は、うまく戦えなくなってしまいます。

そんなとき、親友のしのぶが、蜜璃にこのように語りかけます。

〝甘露寺さんの入隊理由を厭うこともありません〟

〝私たちは、いつだって、甘露寺さんの明るさや笑顔に救われているんですよ？〟

〝だから、自分を偽ったりしないでください。

私はそのままの甘露寺さんが大好きですよ〟

『鬼滅の刃　片羽の蝶』第3話　175〜176頁

この言葉を聞いた蜜璃は、自分らしく生きることで周りを助け、笑顔にしていることに気づき、自分に自信を持つことができ、大きく成長するのです。このように、蜜璃は、常に人と違う自分を後ろめたく思い、悩み続けていました。しかし、悩んだ結果いつもたどり着く答えは、『自分らしく生きる』ことです。いつも型にはまらず、自分らしく生きることで、自分をそして人を幸せにする道を選択してきたのです。周りに左右されずに自分を信じて自分の道を貫くことの大切さを教えてくれるのが、蜜璃なのです。

自分らしさを殺した胡蝶しのぶの人生

では、続いてしのぶの人生について振り返ってみましょう。

しのぶは、もともと感情が表に出やすく、勝ち気な性格でした。しかし、おっとりした性格の最愛の姉で花柱であった胡蝶カナエの死後、カナエの意思を継ぐために、カナエの性格に近づく努力をします。また、腕力がないため、鬼の首を切れないという鬼殺隊として致命的な欠点を持っていました。これを毒を調合して鬼を倒すことで欠点を克服し、見事、柱になるのです。しのぶは、自分の不利な市場において、自分の努力によって認められる人間に変わったのです。

目標を達成するために、自分自身を変えてきたしのぶの人生は、目標達成のために執着することで、不可能が可能になることを教えてくれます。ここで、一点だけ、補足させていただきます。

しのぶは、果たして完全に個性を殺して生きてきたのでしょうか。私はそう思っていません。カナエの性格を真似していたといえど、本来のしのぶの性格がミックスされていたと考えられます。冨岡義勇《とみおかぎゆう》へ嫌味を言ったり、どんな人にも意見をはっきり伝える点は、まさに本来のしのぶそのものです。また、柱になるために、自身の薬学の知識という強みを活かした点は、強み（個性）を活かしたといえます。従って、しのぶは目標達成するために個性を活かしながら変化してきたのです。

甘露寺蜜璃と胡蝶しのぶの対比

さて、ここまで自分を変えず、個性を認めてくれる市場に移って柱になった蜜璃と勝ちたい市場で自分を変化させて柱になったしのぶの人生について見てきました。

対象的な二人だと思いますか？そして、どちらの生き方が正しいと思いますか？みなさん、お気づきのように、二人ともとても人気で魅力的な女性です。どちらの人生も素晴らしい生き方なのです。

ここで、対称的に見える二人に、ある共通点が見受けられます。それは『自分のことを常に客観視できている』という点です。例えば、蜜璃は、見た目や髪の色などがお見合い市場の男からは忌み嫌われると客観的に理解していたから、市場を変える選択をしました。しのぶは、自分の実力を客観的に理解しているから、腕力を鍛えても鬼殺隊市場で勝てないと気づき、薬学という自分の強みを活かして、市場を変えずに毒を使った戦い方を身につけました。

ですから、蜜璃としのぶの二人から学べることは、『自分を客観視し、現状と目標とのギャップを認識すること』が個性を活かす第一歩だということなのです。

みなさんも、自分らしさを貫いて、目標を達成したいと考えるのでしたら、

①蜜璃のように、他人からフィードバックを受け、今の自分との期待ギャップを認識する

②しのぶのように、目標から逆算して今の自分との期待ギャップを認識する

リーダーがメンバーの個性を活かすためには、メンバー自身に自分の強み弱みを気づかせ、目標との期待ギャップを認識させ、今必要な努力に目を向かせることです。

つまり、

①メンバーの強み、弱みをよく見てあげて、フィードバックしてあげること
②目標達成のための進捗面談を行い、足りないことを一緒に考えてあげること

が大事でしょう。メンバーがそれぞれ個性を活かせるようになれば、それぞれが活躍し、チーム全体が成長していくこと間違いなしでしょう。

陸ノ型　胡蝶しのぶから学ぶ！ 壁を越えていく才能の見つけ方

前の型では、胡蝶しのぶが個性を活かして目標達成をしてきた話をしました。しかし、個性を活かして大きな目標を達成するのはそう簡単なものではありません、本型ではその具体的な手法について学んでいきたいと思います。

このページでは、

- ☑ 達成が難しいと思われる壁に挑もうとするリーダー
- ☑ 自分の能力に壁を感じているリーダー

そのような方々へのヒントとして、圧倒的に不利な状況から鬼を倒す能力を身につけた胡蝶しのぶから、その壁を越える秘訣をお伝えします。

不可能の壁

かつてしのぶが鬼殺隊隊士を目指したとき、鬼が出没する夜に鬼を倒す方法は、日輪刀で鬼の首を切ることしかありませんでした。しかし、しのぶには鬼の首を切れるほどの腕力がありませんでした。

〝あとほんのすこしでも　体が大きかったら鬼の頸を斬って倒せたのかなあ〟

『鬼滅の刃』16巻　第142話　181頁

「鬼を倒す腕力がない」

この圧倒的な不利をしのぶは覆し、隊士のリーダー格「柱」にまでなりました。

諦めたら終わり。壁を越えたいなら常識に屈しない心持ちで向かうこと

しのぶには「腕力のなさ」という大きな壁がありました。現実世界の私たちの周りにも壁は色々な形で存在します。

例えば、

・キャリアアップしたい。そのためには全国転勤ができなければならない。しかし、自分は家庭の事情がありできない。

・会社でプロジェクトを任されるためには、社内付き合いを良くしなければならない。しかし、自分は社交的な性格ではなくハードルが高い。

などなど、私たちが前に進みたいと望んだときに立ちはだかるものは「壁」です。しのぶはこの壁を前に諦めず、このような姿勢で挑みました。

〝力が弱くても　鬼の頸が斬れなくても…
できる　できないじゃない　やらなきゃ　ならない　ことがある〟

『鬼滅の刃』17巻　第143話　11頁

常識で考えてできないこと、だからこその「壁」です。それを越えようとするとき、常識に屈しない気持ちの推進力、「心のエンジン」をかける必要がありそうです。

心のエンジンの型は一つじゃない

常識に屈しない気持ちの型はしのぶのように「やらなきゃならない」という決意の他にもいくつもあります。

江戸時代にタイムスリップする医師を描いたドラマ『JIN－仁－』で主人公の南方仁の名セリフに「神は乗り越えられる試練しか与えない」というものがありますが、「必ず解決策はある」と信念を持つことも常識に屈しない心のエンジンの型の一つでしょう。

また、フェルマーの最終定理を解いたアンドリュー・ワイルズは一〇歳のときにフェルマー予想が三〇〇年にわたり未解決のままであることを知り、「その瞬間、私は絶対にこの問題を放置するまい、これを解かねばならないと思った」と語っています。「この問題を解くのは自分の人生の使命だ」という使命感もまた心のエンジンの型であると思います。

壁を越えようとしているあなたには、当然前進しようとする想いがあり、その想いに表裏一体となって存在するのが心のエンジンです。

- どうにかしなければという決意
- 壁は越えられるという信念

・私が壁を越えなければならないという使命感

そのほかにも型はいくつもあると思います。

自分の個性を洗い出す

常識に屈しない気持ちの次は、壁を越えるための材料探しです。自分の中にある材料、それは広い意味であなたの「個性」と言えます。個性の洗い出しの際に気をつけなければならないのは「壁の攻略に必要そうな個性」という風に限定しないことです。

自分が過去に何に集中したか、何をしたときに嬉しかったか、一旦目の前の壁のことは忘れて自分自身を見つめ直すのです。しのぶが見つけた個性は何だったか、姉のカナエがしのぶのことを以下のように言っていることから分かります。

〝しのぶは手先が器用なんです。昔から、庭の草木を集めては薬師の真似事のようなことをしていて、しかも、本当に薬をつくってしまうんです〟

『鬼滅の刃 片羽の蝶』第1話　片羽の蝶　36頁

・手先が器用
・薬をつくる

しのぶが見つけた自分の個性は、これでした。この個性は「（首を切らなければ倒せない）鬼を倒す」という目標からはあまりにかけ離れ、ミスマッチなものでした。

しかし、しのぶは薬をつくる技術を毒の開発に、手先が器用であることを剣先で毒の調合をすることに活かし、見事、鬼を倒すことができるようになったのです。しのぶが壁を越えていった姿から、壁を越えるのに直接活用できない個性であっても工夫次第で壁を越えられる足がかりとなること、だからこそ一旦壁のことを忘れて純粋に自分の個性に向き合うことの大切さを教えられます。

個性を洗い出す「とげぬき」

実は、この個性を洗い出す過程において壁にとらわれないということの他に、もう一つのポイントがあります。それは、「無意識に自分を押し込めている考え方を取り除く」ことです。例えば、「地声が大きい」という個性を持っている人が、かつて「なんて大きな声。恥ずかしいからやめなさい！」と叱られた過去があり、いつも無意識に声量を抑え、個性を前向きにとらえられていなかったとします。するとその素敵な個性に自分自身が気づくことができないのです。個性に気づくためには自分が自分に対して持っている偏見を取り除く必要があります。

このことについて書籍『ジーニアスファインダー　自分だけの才能の見つけ方』（山口揚平著　SBクリエイティブ）ではこの取り除く作業を「とげぬき」と表現して、そのやり方を教えてくれています。

「とげぬき」のやり方をまとめて整理しますと、

①自分の五歳から一五歳くらいまでの期間の記憶をたどる

・自分がはまっていた趣味
・トラウマになっているような出来事
・恥ずかしい話

などなど、思い出すままになんでも、自分の行動↓感じたこと↓結果をまとめて書き出します。

これは大変な作業ですが、すべてを自分の中から吐き出すイメージで行います。

②それを丁寧に何度も見返す

アルバムを紐解くようにいろいろな思い出とともに何度も見返しましょう。そのうちに普段気づかない自分の核となるような部分が見えてきます。

③自分の核となる部分と違和感のある出来事、未消化な感覚がある事象をピックアップする

自分の中で違和感のある出来事をピックアップし、「本当は自分はどうしたかったか」、「本当は自分はどう思いたかったか」を言語化します。

過去の自分の考え方は自分に染みついています。同じようなことが起これぱそれを繰り返してしまいます。しかし、過去と似たような状況を想像し、自分自身を俯瞰して「本当の自分はこうしたいんだ」と考え、その後の行動が思い浮かべば「とげぬき」の効果があったといえます。

まとめ

常識に屈しない心＋個性

これが壁を越えていく心と才能です。常識に屈しない心については、壁を越えたいと強く願う人は潜在的に持っているものです。また、個性の方も誰もが持っているものでしょう。だとすれば、不可能だと思える壁を越えられる可能性は誰もが持っているのです。

実は、しのぶの

「できるできないじゃない　やらなきゃならないことがある」

この常識に屈しない心の型は悲鳴嶼行冥《ひめじまぎょうめい》から受け継いだものだと言われています。

〝出来る出来ないではない。出来なくとも、やらねばならない。力が及ばずとも、何を犠牲にしようとも、己のすべてを賭してやり遂げろ〟

『鬼滅の刃 片羽の蝶』第1話　片羽の蝶　46頁

かつて鬼殺隊に入りたいと悲鳴嶼行冥を訪ねてきたカナエ、しのぶ姉妹に対して無理難題と共に放った行冥の言葉です。それに対してしのぶは当初「バカじゃないの？そんなことできるわけないでしょう？誰ができるのよ？そんなこと！」と反発していました。しのぶも最初から常識に屈しない心を持っていたわけではないのです。しかし、いつしかこの言葉は鬼殺隊蟲柱 胡蝶しのぶを形成する信念の言葉になっていったのです。

しのぶが、常識に屈しない心を育て、個性を育てて壁を越えていったように、達成が難しいと思われる壁に挑もうとするリーダー、能力に壁を感じているリーダーも、自分やチームの心を育て、個性を育てることで大きな成果を出していただきたいと思います。

漆ノ型　藤の家の老婆から学ぶ！周りから助けてもらえる人になる方法

このページでは、

☑もっと部下や同僚を巻き込んで生産性をあげたいリーダー
☑周りを巻き込んで一体感のあるチームを作りたいリーダー

そのような方々へのヒントとなる、「周りから助けてもらえる人になる方法」をお伝えします。

藤の家の老婆が炭治郎たちを助けてくれる理由

鬼滅の刃の物語では、最前線で戦う炭治郎や柱にスポットライトが当たりがちですが、彼らを支える周りの人に注目してみましょう。

炭治郎たち鬼殺隊には周りのサポートをしてくれる黒子や刀を提供してくれる刀鍛冶など、様々な支援者が存在します。その一例として、鬼との戦いで傷ついた炭治郎たちが身体を休める場所を提供してくれる「藤の花の家紋の家」があります。

この家の一族は鬼狩りに命を救われたことから、鬼殺隊の人々に対し無償で食事や宿を提供してくれたり、医者の手配をしてくれたりと厚いもてなしをしてくれます。今回はここから、周りの助力が得られる「助けてもらえる人」に必要な要素を考えてみます。

周りの士気を上げることで組織は活性化する

周りの士気・やる気を指す言葉として「モラール（morale）」という言葉があります。道徳を示す言葉であるモラル（moral）と混同しがちですが、モラールは組織論でよく使われます。モラール（士気）を向上させることは組織の活性化につながり、メンバー同士で協力的になるなど生産性を高める効果が見込めます。

モラールの向上には様々な方法があります。例えば、給料やボーナスを上げれば社員は喜び、頑張ってくれます。銀座や渋谷、丸の内に立派なオフィスに構えれば、それをステータスと感じて仕事に励む人もいます。ですが、これらは金銭的な制約もあるため、実際には組織の属性、働く人々の個性に合わせたソフト的な取り組みが現実的な方法になることが多いです。

人間関係が生産性に影響する

モラールにおける重要な視点として、人間関係が挙げられます。モラールに関する研究で有名なものとして、アメリカのメイヨー、レスリスバーガーらによる「ホーソン実験」がありま す。この実験は工場の組み立て作業において、労働環境や労働条件、人員配置などについて様々なパターンでデータを取り、それによる従業員の労働生産性を分析したものでした。具体的には、照明の明るさ、室温、休憩時間の有無、賃金の上下を行ったり、職種ごとのグループに分けて働かせ、面談を通して労働意欲を確認する、といったような形で行われました。八年の歳月をかけて綿密な調査を行った結果、職場環境よりも職場における個人の人間関係や目標意識に作業能率は左右される、という仮説が提唱されたことで注目を集めました。

職場の雰囲気が悪い職場では働きにくさを感じたり、馬が合う人と仕事をするとスムーズに仕事が進むと感じる人は多いのではないでしょうか。人間関係が悪い会社では退職率が高くなることはみなさんも感じていると思いますが、それ以外にも互いの意思疎通がとれず、トラブルが多発したり生産性が悪かったりと様々な悪影響があります。

モラールは労働意欲、団結力という意味もありますが、人間関係が良くない会社ではこれらの力は発揮されません。

人間関係を改善するために、自分の言動を見せる

では実際、どのように人間関係を改善していくべきでしょうか。人間関係は形成させるまでに背景があり、人の相性もあるため、即効性のある改善は難しい部分があります。また「他人と過去は変えられない」と言われるように、他人の考えを変えることは不可能に近いかもしれません。となるとやはり「自分と未来を変えていく」しかありません。

その上で大切なポイントとして、自分自身の考えを表現していくことが挙げられます。つまり八方美人的に全員との関係改善を意識するのではなく、嫌われることを恐れず、自分の意見を言ったり行動を示すやり方です。

自分の意見をないがしろにして人に合わせてばかりでは、板挟みになり、一貫性のない言動になってしまいます。また相手がそれを利用して、かえって組織内の対立の助長に繫がる可能性があります。周りの人の顔色ばかり窺ってこびへつらったり、意見をコロコロ変えるようでは本当の信頼は得られません。

この考えのもと、人に合わせて意見を変えたり、考えていることが分からないことを嫌う人は多くいます。指示待ち人間は自分の意見がない、何を考えているか分からない人の典型例で

あり、周りから信頼されません。

一方で、自分の考えを示せば完全な同意は得られなくても納得・協力してくれる人もいます。相手に自分の考えが見えてしまうのは嫌な部分があるかもしれませんが、言動に筋が通っていて、わかりやすいということは相手の信頼を得やすくなるメリットもあります。他者から見て行動が予測しやすいために合意形成もしやすくなりますし、協調した行動を取りやすくなるからです。このように、言動に対する信頼は自分でコントロールできる部分が大きいため、信頼・人間関係を構築しやすくなります。

単独行動しがちな人は、自分の意見は持っていても、周りから考えが見えないことがよくあります。愛想良くまでは難しくても、自分の考え方、行動の指針が伝えられれば周りの見る目は変わってきます。自分だけで行動を完結させず、周りの人に意見を伝える機会を作ることが大切です。

また、頑張り、努力する取り組み姿勢を見せることも大事です。手抜きしていたり、怠けている人を周りの人は助けてはくれません。オリンピックで頑張る選手を応援するように、努力する人を応援したいと思うのは人としての本能的な感情ともいえるでしょう。

自分自身の意見・考えを持ち、熱心に取り組むことが本当の信頼関係を育むことに繋がるのです。

「誇り高い」行動が周りの協力を引き出す

作中で、傷が癒えた炭治郎たちが旅立とうとしたとき、藤の家の老婆が声をかけます。

〝どのような時でも誇り高く生きてくださいませ。〟

『鬼滅の刃』4巻 28話 51頁

この言葉の意味について伊之助は炭治郎に問いかけ、炭治郎も難しいと思いながらも「自分の立場をきちんと理解して、その立場であることが恥ずかしくないように正しくふるまうこと、かな」と返しています。この言葉の意味を掘り下げて考えてみます。

「誇り高く」という言葉についてはプライド（自尊心、自負心）を持つ、ということになります。自分自身の考えを持って、ありたい自分であること、とも言えます。そして、「自分の立場を理解する」とは、自分に求められていることに応えること、自分がやるべきことを果たすこと、と言い換えられます。これは単純にイエスマンになれ、ということではありません。無理難題を押し付けられたときに、自分の立場、役割を意識して、ここまでだったらできると譲歩したり、別の方法を提案する、ということも必要でしょう。上からだけでなく、周りや部下から見た立場・役割を意識し、何を大事にするべきかを示し、見せることが重要です。

「恥ずかしくないよう正しく振る舞う」。これはコンプライアンスを順守したり、ズルをしないことが挙げられます。成果を上げるためだからといって、違法なことをすれば法的な処分を受け、かえって会社や組織に大きな損害を与えてしまいます。また、人道に反することを行うことは、自分を含め周りの人を不快にさせてモチベーションを下げてしまいます。違法なことや悪徳な行為をしたり、させたりする組織や上司のもとで働きたいと思う人はいません。

まとめ

藤の家の老婆の行動は、命を助けてもらった恩返しの意図もあるでしょう。それに加えて個性的な鬼殺隊をサポートしているのは、人々を守るために命を賭して鬼と戦う、その姿勢に共感し、応援したいと思ったからこその行動とも思えます。だからこそ、後進である炭治郎たちにもそうあって欲しいと、この言葉を投げかけているのです。

誇りをもって、自分の立場を理解し正しく振る舞うことで、周りの人の応援を引き出すことができます。私たちも、誇りを持って正しく振る舞い、周りの雰囲気を良くしていきましょう！

捌ノ型　鬼滅の刃の主要キャラから学ぶ！　脳の多様性の活かし方

このページでは、

☑ 自分の能力を一層高めていく新しいやり方を探しているリーダー
☑ 部下の成果を高めていきたいリーダー

そんな方に、「脳の多様性」という観点からの考察をお伝えしていきます。

ニューロダイバーシティという言葉を聞いたことがありますか？これは、ニューロ（脳神経）とダイバーシティ（多様性）という言葉を繋げた言葉で、一九九〇年代後半に生まれた、比較的新しい概念です。

これは、人々の脳や神経はそれぞれ違い、見えるもの、感じること、得意なこと、不得意なことはそれぞれ違う。だから、その違いを多様性と捉えて、互いに尊重し、違いを社会の中で活かしていこう、という考え方を含んだ言葉です。このニューロダイバーシティという概念は、私達の社会・生活・仕事における考え方を大きく変えるもので、みなさんの職場においても、活かせる概念です。各自の多様性を認めて、特定のやり方を強制しない（されない）ことで、私達の能力はより向上する可能性があります。

ニューロダイバーシティについて、鬼滅の刃の登場人物と絡めつつ紹介し、我々の職場においてどのように活かせるかを考察していきます。

ニューロダイバーシティとは？

我々人間は一人ひとり違う、ということは当たり前に思うでしょうか。これが近年脳科学の発展により、本当に脳の組成や能力が一人ひとり違うということが確かめられつつあるそうです。

脳の重要性を示す一例が、我々が目で見ていると思っているこの世界は、実は脳で創られたものであるというものです。眼球にはその構造上、どうしても情報処理することができない盲点といわれる部分があります。なので、本当は我々が見えている視野にはどこかに黒い穴が空いていないとおかしい。

ですが、実際にはそんな穴はありません。これは、脳が目には見えていない部分を補って映像を創っているからだそうです。

我々の目が実際に見ているものを脳が処理し直していることの証拠として、「鼻」の存在があります。

みなさんの目の位置からすると、視界のうち、一定部分を自分の鼻が占めています。片目をつむってみると、鼻があることを認識できます。ですが両目で見たときに、鼻は視界から消えます。これは脳が鼻を消すように、映像を処理しているからです。

もう一つご紹介しますと、脳は我々の触覚さえも操っています。「ラバーハンド」という実験なのですが、自分の本当の腕は目から見えないようにして、視界にゴムで創った偽の腕が見えるようにします。そのゴムの腕と本物の腕を同時に、同じ個所を触るということを繰り返します。本物の腕が触られているわけですから、触られた感覚が当然あります。そして、ここからが不思議なのですが、本物の腕を触ることをやめて、ゴムの上だけを触り続けると、腕を触られているという感覚が起こるそうです。また、腕や脚を失った人が、無いはずの腕や脚がかゆい、痛いという感覚を覚える、これを幻肢痛といいますが、これも脳が我々の感覚を創っているということの一つの証拠だそうです。

このように、目、耳から得る色々な感覚は、その多くが脳が創り上げた、いわば仮想世界ともいえるものである、ということが分かります。

さて、ここでようやくニューロダイバーシティの話に入っていきますが、これだけ大きく脳が影響しているということは、脳の多様性によって、我々の感覚、能力が大きく違ってくる、ということです。

そして、我々が日々を過ごす上で認識すべき大事なことは、脳の違いを優劣と認識しないこと、そして、自分のやり方を他者に強要しないこと（少なくとも、違うやり方があることを認めること）です。

鬼滅の刃の登場人物で考えると？

鬼滅の刃の登場人物は個性的です。色々な特性を持っています。

例えば、炭治郎は鼻がすごくいい。善逸は耳がいい。伊之助は肌感覚が鋭い。カナヲは目がいい、という能力があります。このようにそれぞれの特性があるわけです。

ですが、例えば、炭治郎は鼻がいいことを当たり前として、善逸が匂いに気づかないことを批判しません。

鬼を追うときに、

「善逸！匂いを嗅げ！そうしたら鬼の方向が分かる！何で嗅がないんだ!?」

と言いません。自分の特性を当たり前として、他の人を非難しないわけです。これを当たり前だと思うでしょうか。ですが、このことになかなか気づけないのが、私達人間でもあります。

私達の実社会において、潜んでいる押しつけ

仕事において、「聞いたことはメモをとる」という「常識」がありますよね。働き始めたときによく言われることかもしれません。

これを当たり前と思うでしょうか。もし、メモをとらない新人がいたら、「あいつは何度言ってもメモもとらない、怠け者だ」と思うでしょうか。

ニューロダイバーシティの観点からいえば、炭治郎が「善逸はこんな匂いもたどっていけないなんて、ダメだ」というようなものです。

実は「メモをとることで理解や記憶が促進される人」と「メモを取ることで理解や記憶が難しくなる人」が存在します。話を聞きながらメモを取るためには、いくつかの認知能力が必要とされるそうです。

まず、話をしている人と自分の手元に自分の注意のリソースを適切に配分する必要がありま す。耳から入ってきた聴覚情報を脳に送り、速やかに情報処理をできないと、メモが追いつかなくなってしまいます。また、言われていることを短期的に記憶しておく必要もあります。そして、書く作業をするためには、スムーズに指先を動かせる必要があります。特に、聴覚情報

に呼応する形での手指の運動能力が必要となります。

話を聞いてメモを取る、というたった一つの行動には、上記のような複数の能力が必要とされるわけです。そして、そのうちの何か一つが不得意な場合、「話を聞いてメモをとる」という方法の効果は大きく減ります。

なお、不得意ということは、何かが劣っているわけではなく、単にそれがその人には合わない方法だという認識が重要です。他の合ったやり方を探すだけ、と捉えるといいでしょう。


いかがでしょうか。我々の日常生活や仕事において、当たり前と思われていることが、実は当たり前ではないということです。

また、もう一つ例を付け加えると、「早寝早起きは、良いことだ」と思っていたりしないでしょうか。早寝早起きできる人は、自分に厳しい素晴らしい人。それができない遅寝遅起きの人は、だらしない人、と思っていたりしないでしょうか。

これも脳によって、向き不向きがあることが分かっています。実はその人に合った睡眠のリズムは、人により異なることが判明しています。睡眠のリズムについては体内時計というメカニズムが存在しており、そのメカニズムには明確に個人差があるそうです。つまり、「早寝早起き」が合っている人と、「遅寝遅起き」が合っている人が存在します。

とすると、現在、始業時間が明確に朝から夕方まで、と決まっていることは、もしかすると、たまたま「早寝早起き」タイプの人だけが、その能力を発揮しやすい就業形態となっているのかもしれません。とすれば、フレックスタイムでの働き方で、本来の能力を発揮できる人もいることでしょう。

これは、「多数派」の論理によって、実は知らず知らずのうちに、本来の能力発揮を阻害されている方が少なからずいる、ということを示しています。脳は大変に複雑なものです。すべてにおいて「多数派」に当てはまる方はむしろ稀で、多くの方が、なんらかのエリアにおいては、「少数派」に属する可能性が高いです。

自分も含めて、「少数派」であるかもしれない、という認識のもと、「当たり前」とされるやり方を強要することなく、適切に疑い、最適なやり方を探索していくことは、私達一人ひとりがその力を発揮するためには重要ではないでしょうか。

まとめ

ニューロダイバーシティとは、脳の多様性を認め合って、お互いの違いを尊重し合おうという概念です。

これは、その方がいいよね、という理想論ではなく、我々一人ひとりの脳は違い、それによって、能力、得意不得意、あるいは見える世界すらも違うという現実を示したものです。

何か特定の「当たり前」のやり方を強制することなく、人はそれぞれ違うということを認識して、自分、あるいは周囲の方がその力を発揮していける最適のやり方を見つけていけるように、日々努めていきたいものです。

玖ノ型　日輪刀《にちりんとう》の黒色から学ぶ！新しいビジネスを開拓するときの道しるべ

このページでは、

☑ 新しいビジネスをしたいと考えているリーダー
☑ 社会の変化に合わせて今のビジネスを刷新したいと考えているリーダー

そのような方々へ新しいビジネスを模索する際のヒントをお伝えします。

炭治郎の日輪刀は黒色！

鬼殺隊隊士の刀、日輪刀は別名「色変わりの刀」と呼ばれていて、持ち主が初めて抜刀するときに刃の色が変わり、色が定着します。そして、その色は技の系統である「呼吸」の適性を示します。例えば、赤色は炎の呼吸、青色は水の呼吸のようにです。主人公の炭治郎が初めて日輪刀を手にしたとき、その刀身は黒色に変わりました。そばで見ていた育手《そだて》の鱗滝左近次《うろこだきさこんじ》は微妙な雰囲気になります。実は黒色はその詳細が分からず「出世できない色」ともいわれていたからです。しかし、実際は黒色の刀こそ鬼舞辻無惨《きぶつじむざん》を倒すために必要な最強の呼吸、日の呼吸の適性を示すものでした。鱗滝の反応はこれまでの経験、知見に基づくものでしたが、黒色の適性を誤解したものだったといえるでしょう。人の考えとは得てして、ロジカルなようでそうでないことがあります。そこにリーダーが目をつけるべきビジネスのヒントが隠されているのです。

合理的な安心と非合理的な安心

クラウドサービス、ドローン、メタバース。新しい技術やサービスをどう取り入れていくか、今のビジネスを変えていくべきか考えているリーダーは多いでしょう。そしてこれらの技術により人と人との対面コミュニケーションの機会は減っていくかもしれません。ただ、忘れてはいけないのは、それでも私たちがビジネスで向き合うのは、人間だということです。

人は合理的に考えることで、既成概念や感情に流されずに合理的に物事をとらえ直すことができます。例えば、プロポーズの慣習を知りつつも婚約指輪はコスパがいいのかととらえ直したり、ブランドの価値を知りつつも総合的に考えて機能性を優先したものを選んだりというのはその一つでしょう。そして、自分の頭で考えて合理的であると納得したとき、人はその選択に安心感を覚えるのです。

しかし、同様に人間には非合理的な部分に安心感を感じることも起こり得ます。新しいビジネス、既存ビジネスの刷新を考える際にはこのロジカルでない人の思考を織り込まなくてはなりません。この非合理的な部分に多くのビジネスの解決策やチャンスが隠されているのです。

人の心理に無数の解決策、錬金術が隠されている

『欲望の錬金術』（ローリー・サザーランド　金井真弓（訳）東洋経済新報社）によると、ロジカルにものごとを考えることは大切だが、ロジカルでない人の無意識の動向に着目すればこれまで見えなかった解決策が見えてくるといいます。

例えば、合理的に考えれば安くてよいものは売れるはずです。このような考え方で格安航空会社が有名航空会社と全く同じサービス、品質で料金は三分の一の航空チケットを売り出しました。しかし、売れ行きが良くありませんでした。それは料金が安いことの理由を人々が「安全性に問題があるのでは」と解釈したからでした。そこで航空会社がサービスを最小限に抑え

るなど敢えて品質を落として価格の理由を明示すると、チケットが飛ぶように売れるようになったのです。

また、ある会社ではクラウドシステムを導入し、顧客の時間の節約になる便利なサービスを展開しましたが、顧客からの反応が良くありませんでした。それは顧客が「便利になるのはサービス提供会社の方だ」と解釈したからでした。そこで、顧客にどの業務が省けるようになるか、何分削減できるかなどのメリットを具体的に示して利便性を説明したところ、説明後に大きな反響を得たという事例もあります。

新しいビジネスを模索する際に合理的に考えて「これは良い」と自分で思っても、顧客がどう思うのか、その心理を読むことが新しいビジネスやビジネス刷新を成功させるカギとなるようです。

まとめ

ビジネスの相手方が人だからこそ、新しいビジネスやビジネスの刷新を考えることは仕事の醍醐味かもしれません。人の心理は、ビジネスの刷新を検証する際のブラッシュアップとしても、新規のビジネスを考え出す際のヒントとしても使うことができますから、是非様々な例を周囲で探し、想像をめぐらせてあなたのビジネスのヒントにしていただければと思います。

柱と鬼を分けたもの

鬼滅の刃について知人と話すときに、どのキャラクターが好きかという話題になることがあります。煉獄杏寿郎《れんごくきょうじゅろう》、冨岡義勇《とみおかぎゆう》といった柱が人気キャラクターとして挙げられますが、同時に、鬼の名前が挙がることも少なくありません。特に、鬼の最期は人間だったころを振り返り、鬼になるまでの流れを追うことが多く、同情を覚えた読者も多いことでしょう。これを読まれているあなたは、どの鬼に感情移入したでしょうか。

鬼滅の刃の物語の特徴として、鬼に限らず、柱、炭治郎など作中の登場人物のほとんどが不幸な経験をしていることが挙げられます。この点も鬼滅の刃が大きく注目された点かもしれません。

アメリカを舞台にした洋画は、離婚歴のある主人公の物語が多くあります。これは不幸な部分を持った主人公でないと、見る人が感情移入できないから、と言われています。国は違えど、不運な人や境遇に注目するのは人間として共通する部分なのかもしれません。

改めて、柱や炭治郎と鬼の違いを考えてみましょう。柱達は不運に見舞われながらも、他を守るために自分を鍛え、その不運の元凶を倒すことを目的として動いています。一方で、鬼は不遇な状況をきっかけに、己の欲を満たすために人間であることをやめてしまった、人を殺す罪を進んで犯すようになった存在です。不幸を経験している点は共通していますが、他人と自分の命のどちらを優先するようになったかが、両者の大きな違いであるように思えます。

ここで思い出して頂きたいのは、冒頭で聞いた「自分はどの鬼の過去に共感したか」という問いに対する答えです。共感は、近い価値観を持っていると起こるとされています。つまり、共感した鬼と近い価値観をもつあなたは、その鬼に近しい存在かもしれません。

人のままでいられるか鬼になってしまうかの線引きは、他人より自分を優先するかという部分でしかなく、危ういものです。人を殺めないまでも、自分のことしか見ずに周りの人を精神的に追い込んでいるかもしれません。鬼殺隊に狙われないためにも、「あの人は鬼だ」と言われないよう振る舞いたいものです。

第陸章
感情コントロールの呼吸

壱ノ型　炭治郎から学ぶ！目標を達成しようとすると現れる三つの問題と対処方法

このページでは、

☑ 絶対に達成したい目標があるリーダー
☑ いつも目標を達成できないリーダー

そのような方々へのヒントとなる目標達成において待ち受ける問題とその対処方法をお伝えします。

〝悔しいなぁ　何か一つできるようになってもまたすぐ　目の前に分厚い壁があるんだ〟

『鬼滅の刃』８巻　第66話　１００頁

これは無限列車にて、煉獄杏寿郎《れんごくきょうじゅろう》が上弦の参『猗窩座《あかざ》』にやられるのをただ見ているしかできなかった炭治郎が発した言葉です。みなさんも目標達成に向かって頑張っても、次から次へと大きな壁にぶち当たる経験はないでしょうか。このように目標を達成しようと頑張っている時に、どんな問題が待ち受けているのか、炭治郎の目標達成プロセスを例に三つの段階に分解して、考えて行きます。（本項は、『絶対達成マインドの作り方』（横山信広 ダイヤモンド社）の言葉や定義を参考にしています。）

顕在問題

禰豆子《ねずこ》が鬼になったとき、炭治郎は禰豆子を人間に戻すという目標を設定しました。そんな時、冨岡義勇《とみおかぎゆう》が現れ、炭治郎を助けるために、禰豆子を殺そうとします。しかし、炭治郎は、鬼になった禰豆子を殺さないよう、義勇に助けを求めます。禰豆子を人間に戻したいという気持ちはあるが、具体的にどんな行動を起こしたら良いか分かっていない状態でした。

〝きっと禰豆子を人間に戻す！ 絶対に治します！
必ず方法を見つけるから殺さないでくれ!!〟

『鬼滅の刃』1巻 第1話 36頁

鬼を人間に戻すという目標を立てたが、まだ具体的な行動に移せていない炭治郎が抱いた問題を「顕在問題」といいます。ビジネスシーンでは、今年度の利益をいくら出すという目標設定したが、その目標を達成するためには、売上が全然足りない、ダイエットシーンでは、二ヶ月で五キロ減量する目標設定したが、現在の食生活ではカロリーを取りすぎて食事制限しないと目標を達成できないなどの問題が生じます。

目標達成するための行動をする前に、すでに認識している問題がこれに当たります。このとき、私達は、目標達成のための具体的な行動がイメージできていないことが多いでしょう。

行動の潜在問題

この「顕在問題」を解消するためには、具体的な行動計画を立てて、その行動をやりきることが必要になってきます。PDCAのPDの部分です。

PDCAサイクルとは、Plan（計画）・Do（実行）・Check（評価）・Action（改善）を繰り返すことによって、生産管理や品質管理などの管理業務を継続的に改善していく手法のことです。

・ビジネスシーンの場合、売上を上げるために、新規の営業を毎日やる

・ダイエットシーンの場合、毎食必ずカロリー計算する
などの行動計画を立てると思います。ところが、このような行動計画を実行しようとすると、
スタートする前には想像できなかった問題が出てきます。
上の例でいえば、
・新規の営業を毎日やる計画だったが、コロナで営業訪問ができなくなってしまった
・毎食カロリー計算する計画だったが、外食したときは、カロリーがわからない
などの問題が生じます。

炭治郎も、禰豆子を人間に戻すという目標を達成するためには鬼殺隊に入ることが近道だとわかり、鱗滝左近次《うろこだきさこんじ》の修行を受けるという行動を起こしますが、この修行は、想像以上に過酷なものでした。空気の薄い場所での訓練だったり、腕がもげそうなほどの素振り練習など厳しい訓練が、行動継続を阻害しようとしました。しかし、炭治郎は、そのような問題を一つひとつクリアして、一年もの修行をやり切りました。

行動を起こしてみて初めて分かる問題のことを「行動の潜在問題」といいます。つまり、「行動の潜在問題」は、決めたことをやらなかったり、やりきっていない人は、なかなか出会わない問題です。

結果の潜在問題

さて、「顕在問題」「行動の潜在問題」を解決し、行動計画で決めたことをやり切ったとします。

・毎日新規のお客様と商談をした。
・毎食のカロリー計算ができた。

では、この行動を起こした場合、必ず結果が出るでしょうか。

みなさんもお分かりの通り、毎日新規のお客様の商談ができたとしても、売上が上がる結果は保証されていません。毎食カロリー計算ができたとしても、ダイエットが成功するとは保証されていません。つまり、結果を出すためには、さらなる工夫をしなければならないのです。

これが、「結果の潜在問題」です。

炭治郎も、鱗滝に鬼殺隊入隊のための最後の試練として大きな岩を斬るように命じられますが、最初のうちは、全く岩を斬ることができませんでした。(鱗滝の言うことを聞いて、地獄の訓練を一年もちゃんとこなしたのに)という心境だったと思います…。

炭治郎は、鱗滝から全集中の呼吸を教わっていました。しかし、錆兎《さびと》に、お前の体は何も分かっていないと諭されます。

〝お前は何も身につけてない　何も自分のものにしていない
特に鱗滝さんに習った呼吸術　全集中の呼吸
お前は知識としてそれを覚えただけだ
お前の体は何も分かってない〟

『鬼滅の刃』1巻　第5話　135頁

これに対して、炭治郎は、必死に鱗滝に教えられたことを毎日こなしていると主張します。

〝やってる　毎日やっている　必死で‼
でも全然駄目なんだ　前にっ…進めない　これ以上〟

『鬼滅の刃』1巻　第5話　136頁

理論と現実には大きなギャップがあるのです。この理論と現実のギャップを埋めない限り、結果を出すことはできません。そのギャップを埋めるためには、なぜ結果が出ないのかを考え、常に改善を繰り返すことが必要になります。つまり、PDCAのCAの部分になります。

炭治郎は、試行錯誤のトレーニングの結果、『隙の糸』という能力を身に着け、見事、最終試練の大きな岩を斬るという結果を出しました。

三つの問題まとめ

行動前の「顕在問題」は、氷山の一角です。「行動の潜在問題」は、深く大きく、「結果の潜在問題」はさらに根深い大きな問題となっています。

つまり、一つのことを達成するには、行動前には見えない、とんでもなく大きな問題が見えないところに広がっているのです。

そして、行動を続けることで突然現れる、とてつもなく大きな「結果の潜在問題（ラスボス）」に絶望を感じながらも、試行錯誤して問題を解決していく。

これが目標を達成するということなのです。

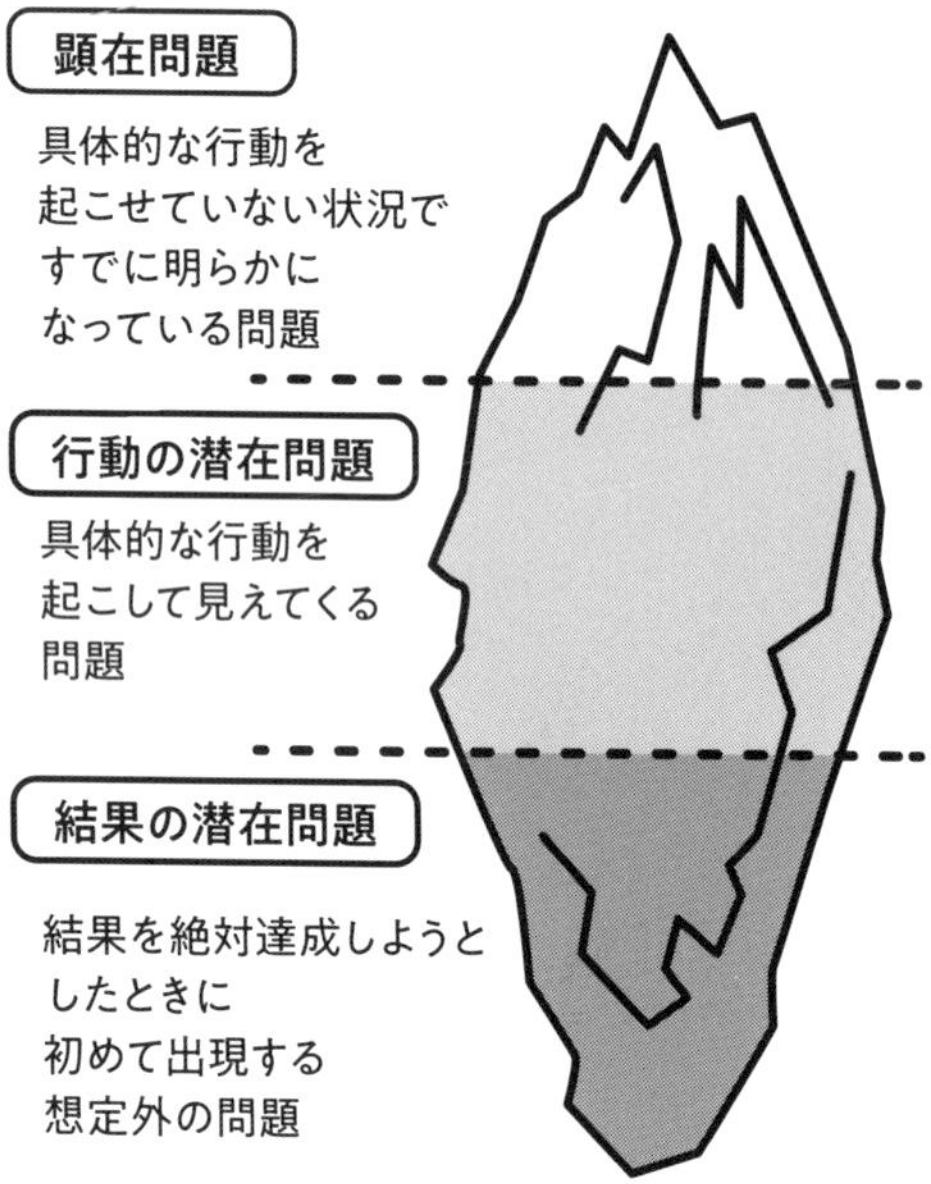
顕在問題
具体的な行動を
起こせていない状況で
すでに明らかに
なっている問題
行動の潜在問題
具体的な行動を
起こして見えてくる
問題
結果の潜在問題
結果を絶対達成しようと
したときに
初めて出現する
想定外の問題

（参考）『絶対達成マインドの作り方』（横山信弘　ダイヤモンド社）

結果を出すために必要なこと

では、結果を出すために必要なことを深掘りしていきましょう。

「まずは行動を起こすこと」

行動を起こす前の「顕在問題」の状態では、結果を出すために必要な情報や知識や手段は何もないに等しいです。行動を起こしてこそ、結果を出すための情報や知識が手に入るのです。

ですので、何も行動を起こさない人は、「行動の潜在問題」や「結果の潜在問題」に遭遇したことがないので、どうしても考える力が乏しいといえます。行動を起こしてみて問題に遭遇し、その問題を解決するために沢山考えることで、結果が現れます。行動に起こしてみないと何も始まらないのです。

「行動をやりきること」

結果を出す人は、「結果の潜在問題」に多く出会っている人です。「結果の潜在問題」に多く出会っている人は、これまでに結果を絶対に達成させようと考えて、考えつくした過去があり、それに対していろいろな人が協力してくれ、改善を繰り返して成功したり失敗してきた数々の経験があります。この経験が、いろんな「結果の潜在問題」を解決するヒントになり、どんどん結果を出していきます。

ということは、行動すると決めたら、「結果の潜在問題」に出会っても、何度もチャレンジすることが結果を出すためには大事なのです。

「思考力」

炭治郎は、鬼殺隊になる訓練で、早くから「結果の潜在問題」に出くわし、成果を手にしました。その経験のおかげで、絶望的な状況でも、あきらめずに思考する癖がつきました。炭治郎は、戦闘中考えている描写が多く見られます。数々の強敵との闘いの中、何度も絶望的な状況を、思考力で、突破してきたのです。

従って、最後の関門の「結果の潜在問題」を解決するには、とにかく結果を出すために思考することなのです。

―まとめ―

目標を達成しようとするみなさんに、お伝えしたい言葉があります。鬼滅の刃のアニメ第一期のオープニングテーマ、ＬｉＳＡさんの紅蓮華《ぐれんげ》の二番の歌詞で、

トゲだらけの道も
本気の僕だけに現れるから

という歌詞があります。まさに、絶対に達成しようと本気で行動するからトゲだらけの道が現れます。本気で行動しなければ、トゲだらけの道なんて現れません。

どちらの道を選択するも自由ですが、トゲだらけの道に出会った方は、この歌詞を思い出してください。つらいことが沢山起きるということは、一生懸命やっている証なのです。自分をほめてください。そして、このトゲだらけの道にいるということは、成功に近づいているサインなのです。

リーダーは、大きな目標達成を求められる立場です。ぜひ、この言葉を胸に、大きな目標にチャレンジし、必ず目標を達成しましょう！

弐ノ型　炭治郎から学ぶ！すぐやる人のモチベーションアップ方法

このページでは、

☑ 急ぎの仕事をするうちに、重要な仕事が後回しになってしまうリーダー
☑ 自分自身のマネジメントを見直したいリーダー

そのような方々へのヒントとなる「自分をコントロールする方法」をお伝えします。

自分をコントロールできたら

時間はあったはずなのに他のことをしてしまって手が付けられなかった。

嫌な仕事は後回しになってしまう。

そんなことでモヤモヤしたことはありませんか？　リーダーであるあなたは、一層こんな気持ちと向かい合っているかもしれません。なぜなら経営・マネジメント業務の多くは、仕事を重要度と緊急度の軸で四つの領域に分類する考え方「時間管理のマトリックス」※において「緊急ではないが重要」の領域に位置し、緊急性がない分自発的に時間を作りだして取り組まなければならないからです。

時間管理のマトリックス※

	緊急	緊急ではない
重要	**第一領域** ●締め切りのある仕事 ●クレーム処理 ●せっぱつまった問題 ●病気や事故 ●危機や災害	**第二領域** ●人間関係づくり ●健康維持 ●準備や計画 ●リーダーシップ ●真のレクリエーション ●勉強や自己啓発 ●品質の改善 ●エンパワーメント
重要ではない	**第三領域** ●突然の来訪 ●多くの電話 ●多くの会議や報告書 ●無意味な冠婚葬祭 ●無意味な待機やつき合い ●雑事	**第四領域** ●暇つぶし ●単なる遊び ●だらだら電話 ●待ち時間 ●多くのテレビ ●その他の意味のない活動

『七つの習慣』（スティーブン・R・コヴィー　キングベア出版）より引用

炭治郎は自分コントロールの天才

どうしたら自分をコントロールして仕事を後回しにしないで取り組めるのかな、と思ったとき、炭治郎は私たちのとてもよいお手本になってくれます。

炭治郎は目の前の鬼と闘いながらずっと痛みを我慢していました。

〝俺はもうほんとにずっと我慢してた!!
善逸を女の子から引き剥がしたときも　声を張った時も
すごい痛いのを我慢してた!!
俺は長男だから我慢できたけど次男だったら我慢できなかった〟

『鬼滅の刃』3巻　24話　163頁

ケガの痛みを我慢しながら鬼殺隊の指令に従って鬼と闘う炭治郎（一五歳）は大変立派です。そして痛みを我慢できている理由は彼曰く「長男だから」というもの。

重要なのは、長男だからなぜ我慢できるのかという話ではなく、炭治郎が「○○だからできる」という自分を鼓舞し、困難に向かう心持ちを意図的に作り上げているということです。

では炭治郎のもう一つの場面を見てみましょう。

炭治郎、善逸、伊之助の三人は那田蜘蛛山での鬼との戦いにより負傷し療養したのちに「機能回復訓練」というハードな訓練を受けます。訓練相手の一人は同期であるカナヲ。同期なのに三人はカナヲに一度も勝つことができません。そしてとうとう伊之助と善逸は音を上げてしまいます。負け続けて成功体験がない中で炭治郎だけがやる気を失わずに訓練に励んでいくのですが、ここにも炭治郎の自分コントロールが光っています。

この状況で炭治郎は、

〝二人の分も俺が頑張ろう！　そして勝ち方を教えてあげるのだ〟

『鬼滅の刃』６巻　49話　１３１頁

と言っています。ここで重要なのは、この言葉の内容自体ではなく、炭治郎が状況をとらえ直して（意味を付け加えて）、取り組みやすい心持ちを意図的に作り上げているということです。

状況をとらえ直すというのは別の例でいえばこんなことです。

段ボールに入った荷物を運びなさいと言われて「重いな、やだな」と思う。でも、その段ボールには、あなたが昔から飲みたがっていた貴重なワインが入ってるんだよと言われると、嫌々どころか重さを忘れて丁寧に運んでしまう。状況のとらえ方が変わるだけで、同じ重さの段ボールを運ぶという作業が別物になるわけです。

また、あおり運転にあって「なんだよ。腹が立つな」と思う。でも、煽ってくる後ろの車の運転手がトイレを我慢して急いでいる人だと思えば、素直に車線変更をする気持ちにもなる。状況を意図的にとらえ直すというのはこのようなことです。

「すぐやる人」のからくり

ロングセラー『「すぐやる人」と「やれない人」の習慣』(塚本亮　明日香出版社)によると、「すぐやる人」は自分を無理に動かそうとしない。楽に自分を動かせる術を心得ている。逆に「やれない人」は、自分を無理に動かそうとして失敗する、とあります。

楽に自分を動かせる術とは、炭治郎がやっている通り、ハード、困難、なかなか取り組めない事柄について

①自分がやる気の出る心持ちを意図的に作り出す
②状況を意図的にとらえ直す

ということです。

「すぐやる人」になるための必要な準備

すぐやる人のからくりを分かりやすくするために一つ問題をご用意させていただきました。以下の①から③のうち早起きの習慣を身につけるために最も有効に働いた出来事はどれでしょう。

①テレビ番組で早起きによって人生が変わったエピソードをみたこと
②寝坊しそうになってお母さんにガミガミいわれて起こされたこと
③早朝に家を出てみたら人出が少なく、人より一歩先んじているような優越感を覚えたこと

答えは、③です。きっと答えはすぐにお分かりになったと思います。③だけが、真に本人の内側から出てきた考えや思いだからです。人は、第三者にこれが良いよと言われたからといって、なかなかそれをそのまま実行できるものではありませんし、追い立てられたり、叱られたりしたことで行動してもほとんどは一時的な行動にしかなりません。

つまり外的な要因だけでは自分の行動原理は変えにくいのですね。自分を動かすためには、③の様に自分が経験してよいと思ったこと、炭治郎の「二人の分も頑張ってやり方を教えてあげよう」(=炭治郎にとって「頑張る理由が増えること」)、「長男である自分」(=炭治郎にとって「我慢の根拠」)のように自分自身に染みついている価値観を活用する必要があります。

ですから、「すぐやる人」のからくり、

①自分がやる気の出る心持ちを意図的に作り出す

②状況を意図的にとらえ直す

これをするには、自分がどういうときに積極的に取り組む気持ちになるか調べておくという作業(準備)が重要です。

自分自身を知る

①の「やる気の出る心持ち」について、炭治郎が「長男だから」とやる気を出せたのは、過去にそのように自分に言い聞かせて力を発揮した経験があり、とっさにその心持ちを用いたからでしょう。私たちもやる気の出る心持ちを用いるためには、それを予め探し、いざというときにすぐに引き出せるようにしておくという準備が必要です。過去に頑張った経験、そこからなぜ頑張れたかの要素を見つけます。

例えば、過去に受験勉強で頑張った経験があれば、その頑張れた背景を考えます。

・かなえたい夢が受験勉強の先にあったから
・親からやれやれ言われていたから
・進学校で周囲がみんな当然のように受験勉強をしていたから
・自分を育ててくれた人へ恩返しがしたかったから

などなど、そのときの思いを探ると様々出てくるものです。

そして、頑張れた要因は決して一つではなかったと思います。それを一つひとつ紐解くこと、自分に効果のある状況、環境の組み合わせを見つけることです。そしてもう一つ、②の「状況を意図的にとらえ直す」、ということにも準備が必要です。これも自分の中で使えるとらえ直しの方法を見つけておくと良いと思います。

炭治郎の様に「みんなのために！」が原動力になる人は、仕事の先にみんなのためになることを想像してみるとか、善逸の様に異性とお近づきになることが原動力になる人は、仕事が自分磨きになるとか、テキパキと仕事をこなす姿が異性へのアピールになるとか、自分のやる気が出る方向性を見つけ、自分の都合の良いように物事をとらえ直す型を見つけていくという具合です。自分がどうとらえ直すと頑張れるのか、いろいろ試してみると面白いかもしれません。

リーダーは、期限順に仕事を並べてこなすだけで済む立場ではありません。自分自身のキャパシティに向き合い「急ぎではないが重要なこと」にも取り組んでいかなければなりません。

そんなとき、この炭治郎のやり方は自分で決めたキャパシティの先にもう一歩踏み込むための足がかりとなり、リーダーとして必要な仕事に時間を割くために有用な技術になるでしょう。

まとめ

「すぐやる人」は自分をラクに動かす方法を知っています。無理にやろうとする、真正面から突っ込んでいくほうに力を使うのではなく、自分がやる気の出る心持ちを調べ、その心持ちを意図的に作り出すように工夫したり、状況をやる気が出るように意図的にとらえ直そうとしたりするのです。

やる気を意図的に作り上げる技術は、「急ぎではないが重要なこと」にも取り組んでいかなければならないリーダーにとって有用です。

参ノ型　時透無一郎《ときとうむいちろう》から学ぶ！チームの幸福度を高める方法

このページでは、

☑ チームメンバーがもっと楽しく仕事してほしいと思っているリーダー
☑ 自分自身も仕事を楽しめていないリーダー

そのような方々へのヒントとなる、仕事が楽しくなる方法をお伝えします。

幸福度が低いと仕事に対するやる気も低くなるため、生産性は下がります。生産性は別にしても、つまらない人生より幸せな人生の方がいいに決まってます。

リーダーは、チームを幸せにするためにどんなことができるでしょうか。

鬼滅の刃の登場人物、霞柱の時透無一郎《ときとうむいちろう》の生き方を参考に勉強していきましょう。

無一郎の人生は、残酷なものでした。一〇歳のときに、両親をなくし、一一歳のときに、唯一の家族だった兄の有一郎まで鬼によって殺されます。さらに、そのときのショックで記憶を失います。その後、鬼殺隊に入るのですが、鬼との最終決戦によって一四歳という若さで亡くなりました。

このように、短命で非常に過酷な人生であったといえます。にもかかわらず、無一郎は自分の人生を振り返って、幸せな人生だったと評価しています。

〝仲間ができて僕は楽しかった　また笑顔になれた幸せだと思う瞬間が数え切れない程あったよ〟

『鬼滅の刃』21巻　第179話　17頁

どうして、無一郎は、自分が幸せだったと思えたのでしょうか。

正体を理解するにあたっては、『99・9%は幸せの素人』（星渉・前野隆司　KADOKAWA）を参考に解読していきます。

人のためにお金を使うと幸福度が上がる

まず、幸せを、お金の使い方の違いで見ていきます。「自分のためにお金を使う」のと「人のためにお金を使う」のとで、どちらが幸せと感じるのでしょうか。

答えは、「誰かのためにお金を使った」人の方が幸福度は高まるそうです。

カナダのサイモンフレーザー大学の研究において、街で通行人にランダムに五ドルを渡して、「自分のために五ドルを使ってください」「誰かのために五ドルを使ってください」という二種類の指示書を出して、五ドルを使った後の幸福度の検証をしました。検証の結果、誰かのためにお金を使った人は、自分のためにお金を使った人と比べて、明らかに幸福度が高かったのです。

「自分には人に与えられるほどお金があるのだ」と脳が認識し、心の余裕が生まれ幸福度が増すようです。行動についても同じように考えることができます。

無一郎は、上弦の壱 黒死牟《こくしぼう》戦において、瀕死状態にもかかわらず、「どうせ死ぬなら役に立って死ね」と自分を奮い立たせ、最後まで誰かの役に立つことだけを考えて、戦いました。

無一郎は、自分の時間を最期まで、人の役に立つための行動に使ったので、幸福度が高かったのではないでしょうか。自分のためだけでなく、人のためにも生きることは、幸福度を高める行動なのです。

幸福度が高まる経験の四条件

次に、どんな経験が人の幸福度を高められるのでしょうか。前野氏の研究によると、幸せな

人が持つ性格・行動特性は、「四つの要素」に集約されます

①世の中とつながりが実感できる経験
②繰り返し語ることができる思い出となる経験
③自分がなりたいと思っている自分像につながる経験
④めったにないチャンスを得られる経験

この四つの条件のうちのどれか、もしくは複数を満たしていると、最大限の喜びを得られるようです。

ちなみに、無一郎は、父から「人の役に立つためにすることは巡り巡って自分のためになる」と言われて育てられており、小さな頃から人の役に立ちたいという気持ちが強い子でした。

なので、鬼殺隊に入隊して沢山の人を助けたいと思っており、兄の有一郎に対して、

〝ねぇ剣士になろうよ
鬼に苦しめられてる人たちを助けてあげようよ〟

『鬼滅の刃』15巻　第118話　56頁

と発言していました。

つまり、無一郎は、人の役に立ちたいという自分像を持っており、実際に、沢山の人の役に立つということを鬼殺隊で経験できたことが無一郎の幸福度を高めたのです。これは、四条件のうちの③の経験です。

現実世界で、この四条件の具体例を考えてみると、

①については、チームでの仕事
②については、大きな失敗やその失敗を克服した経験
③については、目標設定したことが実際に実現できた経験
④については、経験したことない仕事

が該当します。

リーダーは、このような経験をチームメンバーに経験させてあげることを意識するとよいでしょう。

夢や目標は幸福度に影響するか

続いて、「幸せ」と「夢や目標」との関係性について見ていきます。夢や目標の話をすると、多くの人が、「実現することが重要」だと考えます。しかし、それは違います。

幸福度という観点からも、夢や目標は実現することが重要なのではなく、まず「持つこと」が重要なのです。

より正確にいうと、自分の夢や目標に向かって進捗していると実感できれば、モチベーションが高まるということです。

無一郎は、鬼殺隊の最終目標である鬼舞辻無惨《きぶつじむざん》を倒す過程で、志半ばで命つきそうになります。ですが、彼は仲間に無惨を倒してもらうために、必死に仲間をかばう行動に出ます。このとき、無一郎は自分が死ぬと分かっていながら、少し笑みを浮かべながら、仲間を助けている描写があります。これは、目標に向かって頑張っていること自体が、生きるモチベーションになり、幸福度が高まったからといえます。

もし、あなたが目標を持っていないのでしたら、実現できるかどうかは置いておいて、まずは、目標を掲げてみましょう。同様に、チームとしての目標がなければ、チームの目標を掲げ、チームメンバーと共有しましょう。メンバーも目標を持つことで、幸福度を高めることができます。

仕事の幸福度をあげる方法

最後に、仕事の幸福度に影響を与える考え方についてです。一九六二年、ジョン・F・ケネディがNASAで出会った清掃員に関する印象深いエピソードがあります。大統領が清掃員に、どんな仕事をしているのか尋ねたところ、「月に人類を送り込む手助けをしています」と答えたといいます。本人の意識次第で、仕事に意義を感じるか、感じないかは決められるということです。

イェール大学で組織行動学を研究するエイミー・レズネフスキー教授の調査によれば、仕事に対しての価値観はジョブ、キャリア、コーリングの三つのタイプがあるといいます。

ジョブは、仕事を単なる労働と捉える人たち

キャリアは、働く動機が経歴や名誉、地位という人たち

コーリングは、今の仕事が好きで、自分の仕事には深い意味があるという実感が、働く動機になっている人たちです。

前述の清掃員は、コーリングの状態です。三つのタイプでもっとも幸福度が高いのは、言うまでもなく、コーリングです。

〃お前は自分ではない誰かのために無限の力を出せる選ばれた人間なんだ〃

『鬼滅の刃』15巻　第118話　65頁

これは、無一郎が兄の有一郎から言われた言葉です。無一郎は、人のために力を発揮するた

めに生まれてきたという自覚を持っているので、自分の責務である『人のために生きること』に全力を出せたのです。

ここで、「そんなこと言われても、今の仕事は絶対つまらない！」と思った方も沢山いらっしゃると思います。そこで、より具体的な解決策を提示して終わりにしたいと思います。

『99・9％が幸せの素人』では、三つの具体的な解決策を提示しています。

①仕事で関わる人の「数」を見直す

意識的に仕事上で関わる人の数や範囲を広げることで、誰かの役に立っていることを実感できます。

お客様でも他部署の方でもいいでしょう。自分のやっている仕事がどれだけ影響を与えているかが実感できると、やりがいが芽生えます。

②仕事の意味を拡大する

清掃員の例に出てきたように、自分の仕事が、誰の、どんな未来を作っているのかという点を考えるのがポイントです。これが考えられたら、同じ仕事でも夢のある仕事に変化します。

③職場の環境や仕事の内容に少しの変化を加えてみる

例えば、

・職場の人とのメールに一言、「ありがとう」や「お疲れさまです」を添える
・挨拶をしてなかった人にも挨拶するようにする
・職場の人の誕生日に必ず一言かける
・職場の人に手土産を渡す

などの行動をしてみることです。された人にとって、あなたが大切な存在になることができます。このようなことを考え直せば、今日から仕事はやりがいのあるものへの変化します。ぜひ、一つでも実践してみましょう。

また、チームメンバーが仕事にやりがいを感じられないと相談があった場合には、コーリングの状態にするために、仕事の意義を教えてあげましょう。そして、感謝の言葉を伝えるようにしてみると、変化が現れるでしょう。

まとめ

無一郎は、人のために生きるという目標を持ち、その目標のために全力で生きたため、幸せだと感じられたのです。無一郎の人生は、壮絶なもので、到底幸せなものとは思えません。そ

れでも無一郎が幸せだと感じていました。幸せと感じられるかどうかは、その人の心の持ちようなのです。

人生とは、不平等なことが沢山起きます。そんなとき、あなたの捉え方次第で、幸せと不幸の分かれ道となります。つまり、人生で起きることに、幸せなことも不幸せなこともなく、あなたがやってきたこと、これからやることに、正解も不正解もないのです。幸せになるのも正解にするのもすべてあなたの捉え方次第です。

リーダーはこのことを理解し、自分自身が幸せな解釈をして仕事を楽しむことで、チームメンバーの見本となれます。そしてあなたの姿勢は、伝染していき、チーム自体が、幸せで生産性の高いチームになるのです。

肆ノ型　冨岡義勇《とみおかぎゆう》から学ぶ！ リーダーが体得すべきアンガーマネジメント

このページでは、

☑ すぐカーっとなって他人や後輩にきつく当たってしまうリーダー
☑ 怒れないので、仲間や後輩になめられているリーダー
☑ 周りや部下がついてこないリーダー

そんな方へのヒントとなる「怒りをコントロールしてカリスマリーダーになる方法」をお伝えします。

怒りをコントロールすると、良好な人間関係を構築できたり、良い影響力を与えることがで

き、場合によっては、強烈なリーダーシップを発揮することができるようになります。

鬼滅の刃の物語の序盤で、主人公の炭治郎の恩人である冨岡義勇は、

〝生殺与奪の権を他人に握らせるな!!〟

『鬼滅の刃』1巻 第1話 38頁

と炭治郎に向かって、強い怒りをあらわにしたシーンがあります。これは、作中、屈指の名シーンです。この冨岡義勇の怒りの影響力も交えながら、一緒に学んでいきましょう。

怒りとは~概論~

そもそも、『怒り』と聞くと、マイナスの効果しかないと思われるかもしれません。実は、『怒り』にはマイナスの効果を生む場合とプラスの効果を生む場合の二種類があります。怒りをコントロールして、プラス効果を自由に使いこなせれば、人に尊敬され、好かれ、相手にプラスの影響力を与えられる存在になることができます。

そんな人間になれるように、怒りについて冨岡義勇をヒントに学んでいきましょう。

怒りは二次感情

『怒り』という感情は、二次的感情であると心理学者のアルフレッド・アドラーは言っています。どういう意味かというと、何か感情を揺さぶる現象が起きたとき、何か別の感情が一次的に発生し、その後、二次的に『怒り』はこみあげてくるものなのです。

一次感情には、悲しみ、不安、残念、心配、さみしさ、不甲斐なさ、恥ずかしさなどがあります。つまり、一次感情が満たされないときに、怒りの感情が湧いてくるのです。

怒りの目的

続いて、何の目的のために、人は怒るのでしょうか。これについて、アドラーは、四つの目的に分類されると言っています。

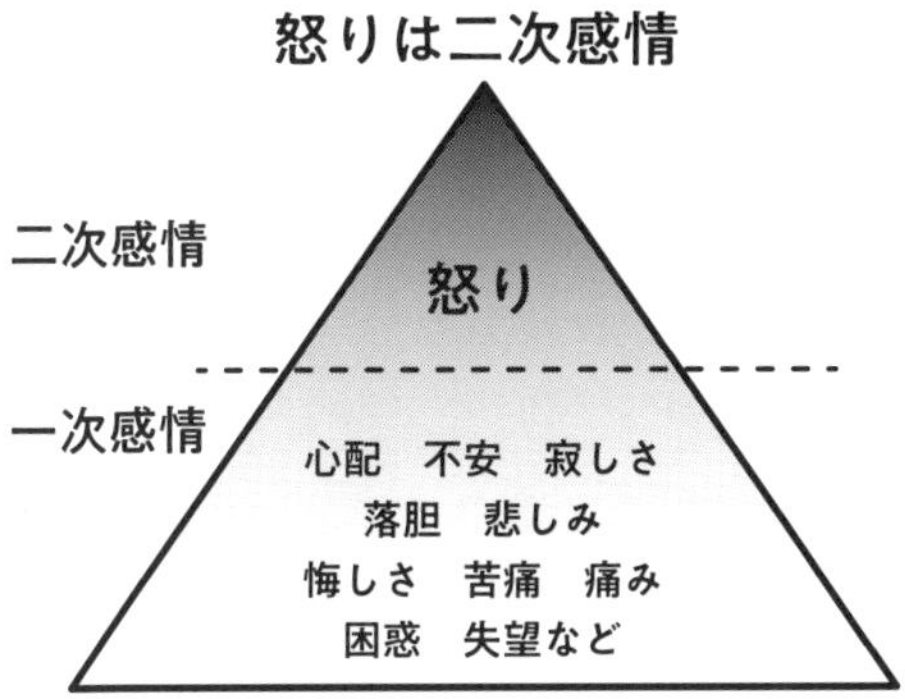

一、支配～親子や上司と部下などの関係で、相手を自分の意のままに動かしたいと思う気持ち
二、主導権争いで優位に立つ～夫婦間、社内、仲間内で、主導権を握りたいという気持ち
三、利権擁護～自分の権利や立場を守りたいという気持ち
四、正義感の発揮～正しいことを教えたいという気持ち

これを見ていただくと、一から三は「自分のため」、四は「人のため」と分類できます。

怒りをコントロールする方法

怒りの正体が分かったところで、ここからは怒りをどうコントロールしたらいいかを見ていきます。

まず、怒りがこみあげてきたら、少し冷静になって、一次感情を認知してみましょう。そのうえで、二次感情をぶつけるのではなく、一次感情を共有しましょう。

例えば、恋人や部下と待ち合わせしていて、時間になっても何の連絡もなしに、来ない。三〇分経ってやっと現れました。あなたに、怒りが沸き起こることでしょう。「なんで何の連絡もしないのか」と。

さてこのときの一次感情は何でしょうか。来るか来ないか「不安」になったと思います。

また、事故にあったんじゃないかって「心配」になる方もいるのではないでしょうか。怒りをぶつけるのではなく、一次感情である不安や心配という感情を相手に伝えましょう。そうすると、相手は気持ちを受け入れやすくなります。

キーワードは感情「で」伝えるではなく、感情「を」伝えることです。

相手の怒りを受け止める方法

一方、相手から怒られたときにどのように対処するのがベストか、考えてみましょう。答えは、相手の一次感情を分析して、一次感情について共感することです。具体的には、相手の怒りをおさめるために解決策を提案したりするのではなく、まずは、一次感情に目を向け、「つらかったね」「心配したよね」「寂しかったんだね」「悲しい思いをしたんだね」と共感するのです。

これができるようになると、相手はあなたに対して「分かってくれた！」と信頼感をもつようになります。

怒りを表現した方がいい場合

怒りを表現することでプラスの効果を生むこともあります。

①相手や仲間のために怒る
②怒るルールが明確で一貫性がある

こんな場合、相手や周りの信頼度を高める場合があります。

①相手や仲間のために怒る

怒りの目的が正義感の発揮だった場合には、相手や仲間を想って、あえて怒ることも検討しましょう。ただし、怒りがこみあげる場合、自分を正当化している可能性もあるので、相手をただ支配したいだけじゃないか再度、考え直した方がいいです。

それでもやはり、相手や仲間のための怒りであれば、理性を保ちながら、そして相手に愛情をもって怒ってみましょう。相手に愛情をもって怒れば、相手や周りの人はあなたの想いに気づいてくれるはずです。

②怒るルールが明確で一貫性がある

また、人間は一貫性ある行動をとる人を信頼する傾向があります。普段、仲間を大切にしている人が、仲間が傷つけられたときに強い怒りを出すのは一貫性がありますね。従って、怒るルールが周りから見て明確で、普段の行動や言動と一貫している場合には、怒ることで信頼感を高めます。

本田技研工業の創業者、本田宗一郎氏は、「人命に関わること」「技術に関すること」この二点に対しては非常に厳しく怒ったといいます。そんな怖い本田氏を部下も取引先も慕っていたといいます。

『鬼滅の刃』で仲間のために一貫した態度で怒るキャラとして炭治郎が挙げられます。上弦の参　猗窩座《あかざ》が煉獄杏寿郎《れんごくきょうじゅろう》を倒した後、日の光を恐れて逃げていくのを見た炭治郎が、猗窩座に怒るシーンがあります。

〝いつだって鬼殺隊はお前らに有利な夜の闇の中で戦っているんだ!!
…逃げるな　馬鹿野郎!!　馬鹿野郎!!　卑怯者!!〟

『鬼滅の刃』8巻　第65話　82頁

このシーンは心打たれた方が多かったのではないでしょうか。炭治郎は、仲間が傷つけられたとき、一貫して強い怒りを表します。怒りは、はまったときの影響力が相当強いものです。

このように、相手や仲間のために一貫した態度で怒った様子を見て、相手や周りの人は、あなたを尊敬のまなざしで見て、一生ついていこうと思うようになります。

冨岡義勇の怒りの影響力

さて、ここで、冒頭の冨岡義勇の

「生殺与奪の権を他人に握らせるな!!」

この言葉を分析してみましょう。

妹の禰豆子《ねずこ》が鬼化してしまい、炭治郎が鬼の禰豆子に喰われるのを助けるために、冨岡義勇は炭治郎の前に現れました。しかし、炭治郎が冨岡義勇に禰豆子を殺さないでくれと泣きながら命乞いをしたときに、発した言葉です。

冨岡義勇は、「今、泣いて絶望しても時を戻すことはできない。怒りを原動力にして、家族を守り、家族の仇を討つために立ち上がって欲しい。」と思って怒ったのです。

〝泣くな　絶望するな　そんなのは今することじゃない
お前が打ちのめされているのは分かっている
家族を殺され　妹は鬼になり　つらいだろう　叫び出したいだろう
分かるよ…しかし時を巻いて戻す術はない　怒れ
許せないという強く純粋な怒りは
手足を動かすための揺るぎない原動力になる〟

『鬼滅の刃』1巻　第1話　41頁

このときの冨岡義勇の一次感情は、どのようなものだったでしょうか。

自分の身を守ろうとしない炭治郎に対して、今後を「心配」したでしょう。また、自分と同じように家族を鬼に殺された炭治郎を見ることの「痛み」もあったでしょう。そして、二次感情として怒りがこみあげてきます。このときの怒りの目的は、まさしく炭治郎のことを思っての正義感の発揮だったでしょう。

これに呼応するように、炭治郎は、弱いながらに義勇に一矢報いようと攻撃に出るのです。さらに、その行動が義勇の心を動かし、炭治郎が鬼殺隊に入るきっかけになりました。義勇が炭治郎のために怒りを用いた結果、炭治郎に大きな行動の変化を与えました。

まとめ

怒りをコントロールすることで、相手は自分のことを分かってくれる存在と思うようになり、時として怒ることで、あの人に一生ついていこうと思えるカリスマ的な存在になることができます。

リーダーとして、人を率いていきたい方は、ぜひ、怒りを活用していきましょう。

〜令和コソコソ噂話⑥〜

鬼は本当に悪者なのだろうか　―現代の我々こそ、実は鬼である―

「改めて、鬼舞辻無惨《きぶつじむざん》は、結局何がしたかったのでしょうか?」

一言で言えば、「無惨は生き続けたかった」ということだと、私は解釈しています。平安時代に生まれ、病弱で二十歳になる前に死ぬと言われていた無惨は、医者の薬により偶然、鬼としての体質を獲得しました。しかし、無惨は日光に当たれば死んでしまうという欠点も持つことになってしまいました。無惨は完全な不死身となるため、その肝となる青い彼岸花と、太陽を克服できる体質の鬼を探すことのいずれかの達成を目的としてきました。

太陽を克服できる体質の鬼を見つけた際、無惨は

〝これでもう青い彼岸花を探す必要もない
ククク　永かった…‼　しかしこの為
この為に千年増やしたくもない同類を増やし続けたのだ〟

『鬼滅の刃』15巻　第127話　58頁

と言っています。つまり、無惨は生きるために、これまで活動をしてきたのです。この無惨に対して、生きることに執着していて浅ましいと思うでしょうか。それとも、自分が生きるために他者を殺して回ることは、命を冒涜していると思うでしょうか。

これは我々人類が、今行っていることではないでしょうか？

今、人類は、科学技術が進化し、自らの寿命を延ばすために新たな扉を開こうとしています。細胞培養からの臓器培養技術が進化すれば、我々人類は古くなった臓器を、自分の細胞から培養した臓器と取り換え移植し、更に永く生きることが可能になるようです。

自らが永く生きるということに向けて、我々人類は並々ならぬ熱意を傾け続けており、人類にとっての「青い彼岸花」をまさに開発しようとしています。

また、我々人類は、家畜を育成し、日常的にその肉を食べています。無惨は自分が生きるために人を殺しています。我々人類は、自分が生きるために、人類以外の家畜を殺しています。生き物を殺すという意味では、人類も、無惨と同じく罪深い行為を重ねているのかもしれません。

人の倫理観、価値観は歴史の流れと共に変わりゆくものです。今から数百年後の未来、培養肉を食べることがもしも当たり前になれば、「昔は生き物を家畜として飼い、殺して食べていたとはなんと野蛮な時代があったものだ」という価値観になるかもしれません。

無惨が必死に独善的に自らの生を求めたように、現代の我々人類も同じことをしているのかもしれません。

＜参考文献＞
『鬼滅の刃』吾峠呼世晴　集英社
『鬼滅の刃 外伝』平野稜二（著）、吾峠呼世晴（原作）集英社
『鬼滅の刃公式ファンブック　鬼殺隊見聞録・弐』集英社
『鬼滅の刃 片羽の蝶』吾峠呼世晴／矢島綾 著　ジャンプジェイブックスDIGITAL
『マネジメント［エッセンシャル版］』P・F・ドラッカー（著）上田惇生（翻訳）ダイヤモンド社
『プロフェッショナルの条件』P・F・ドラッカー（著）上田惇生（翻訳）ダイヤモンド社
『EQリーダーシップ：成功する人の「こころの知能指数」の活かし方』ダニエル・ゴールマン、リチャード・ボヤツィス、アニー・マッキー（著）、土屋京子（翻訳）日経BPM
『リーダーの「挫折力」』冨山和彦　PHP研究所
『異文化理解力―相手と自分の真意がわかる ビジネスパーソン必須の教養』エリン・メイヤー、田岡恵（著）、樋口武志（翻訳）英治出版
『リーダーのための経営心理学―人を動かし導く50の心の性質』藤田耕司、日経BP
『子どもの発達と育児』エリザベス・B・ハーロック（著）、松原 達哉、牛島 めぐみ（翻訳）誠信書房
『対話型OJT』関根雅泰、林博之　日本能率協会マネジメントセンター
『グロービスMBAキーワード　図解　基本フレームワーク50』グロービス　ダイヤモンド社

『自分の小さな「箱」から脱出する方法』アービンジャー・インスティチュート（著）金森 重樹（監修）富永星（翻訳）大和書房
『図解ポケット ドラッカーのマネジメントがよくわかる本』中野明 秀和システム
『PURPOSEパーパス 会社は何のために存在するのか あなたはなぜそこで働くのか』DIAMONDハーバード・ビジネス・レビュー編集部（編、翻訳）ダイヤモンド社
『図解でわかる！戦略実行』クリス・マチェズニー、ショーン・コヴィー、ジム・ヒューリング（著）、フランクリン・コヴィー・ジャパン（編）ジム キングベアー出版
『ドラッカーから学ぶ多角化戦略』藤屋伸二（著）クロスメディア・パブリッシング（インプレス）
『真説ー孫子』デレク・ユアン（著）奥山真司（翻訳）中央公論新社
『仕事のアンラーニング』松尾 睦 同文舘出版
『サーチ・インサイド・ユアセルフー仕事と人生を飛躍させるグーグルのマインドフルネス実践法』チャディー・メン・タン、一般社団法人マインドフルリーダーシップインスティテュート（著）、柴田裕之（翻訳） 英治出版
『世界のエリートはなぜ「美意識」を鍛えるのか？～経営における「アート」と「サイエンス」』山口 周 光文社新書
『古代から現代までの2時間で学ぶ戦略の教室』鈴木 博毅 ダイヤモンド社
『孫正義社長に学んだ「10倍速」目標達成術』三木 雄信 PHPビジネス新書
『実力も運のうち 能力主義は正義か？』マイケル・サンデル（著）、鬼澤 忍（翻訳） 早川書房

『ジーニアスファインダー　自分だけの才能の見つけ方』山口揚平著　SBクリエイティブ
『経営理論大全　すぐに使える最強のビジネスセオリー』ジェームス・マクグラス（著）ボブ・ベイツ（著）平野敦士カール（監修）藤井清美（翻訳）朝日新聞出版
『ニューロダイバーシティの教科書：多様性尊重社会へのキーワード』村中直人著　金子書房
『欲望の錬金術』ローリー・サザーランド（著）、金井真弓（翻訳）東洋経済新報社
『絶対達成マインドの作り方』横山信弘　ダイヤモンド社
『七つの習慣』スティーブン・R・コヴィー、ショーン・コヴィー（著）、フランクリン・コヴィー・ジャパン（翻訳）キングベア出版
『「すぐやる人」と「やれない人」の習慣』塚本亮　明日香出版社
『99・9%は幸せの素人』星渉・前野隆司　KADOKAWA
『アドラー流　たった一分で伝わる言い方』戸田久実（著）岩井俊憲（監修）かんき出版

＜参考曲＞
竈門炭治郎のうた　作詞　ufotable　作曲　椎名豪
紅蓮華　作詞　LiSA　作曲　草野華余子

＜参考記事＞
音楽ナタリー　米津玄師「BOOTLEG」インタビュー

＜参考動画＞

フェイスブック創業者マーク・ザッカーバーグのハーバード大学卒業式での「パーパス」についてのスピーチ（日本語字幕付き）

https://www.youtube.com/watch?v=nFaCasVBvD8

Youtubeチャンネル「中田大学」における、セールスフォース創業者マーク・ベニオフに関する動画

【新時代のリーダー②】社会貢献は第5次産業革命の生存戦略

https://www.youtube.com/watch?v=40ZqzHWDZQg&t=667s

あとがき

この度は、本著をお手にとって頂き、ありがとうございます。

「リーダーとは何か」。シンプルに見えながら、回答が難しいこのテーマを学ぶのに、『鬼滅の刃』がどれだけ参考になるかをご理解いただけたかと思います。本著で紹介したエピソードは一部であり、もっと紹介したいエピソードがありますが、別の機会にお話させて頂きたいと思います。

本著を通して『鬼滅の刃』をリーダーの立場、チームメンバーの立場など、様々な角度で読んでみると、いっそう面白さが増すことがわかってもらえたのではないでしょうか。また改めて、いろんなエピソードに想いを馳せて『鬼滅の刃』を読み返してみてください。何度読んでも新しい発見があるのは、作者である吾峠呼世晴先生のキャラクター、ストーリーの奥深さ故です。

この書籍を出版しようと熱い想いで立ち上がったのは、二〇二〇年十月のことでした。出版にあたり、様々な視点で経営に携わる士業メンバーを集め、プレゼン資料を作って、いきなり出版社に持ち込みました。ですが、結果としてはどの出版社にも断られてしまい、「この本は需要がないのかもしれない」と自信を失い、何度もあきらめかけました。

しかし、その度に炭治郎の

〝俺が挫けることは絶対にない‼〟

『鬼滅の刃』3巻　第24話　165頁

という言葉を思い出し、気持ちを奮い立たせ、自分たちにできることを考えました。

その方法が、市場からの評価を確認することです。まず文章コンテンツとして人気のSNS「note」で記事投稿を約一年、続けました。そこでフォロワー一万人以上を獲得、フォロワーからの暖かい言葉に支えられ、本の内容に自信を持つことができました。

これをきっかけに、大手企業から記事の執筆依頼を受けるようになり、ついに出版の話をいただくに至りました。これこそ、正しい方法を模索し、試し、あきらめずに続けた結果であるといえるでしょう。

出版が決まってからは、どうすれば多くの方にご満足いただける本になるか、再度、一から考え直し、試行錯誤しました。企画を立ててから約一年で出版が決まり、制作にさらに一年かけ、この度、やっとこの本を世に出すことができました。二年がかりの熱い想いがこの一冊に込められています。

自分たちを信じてあきらめないで行動し続ければ、必ずや誰かに認めてもらえるのだと、今は実感しております。また、自分たちの力だけではここまでたどり着けなかったとも思っています。支えてくださったフォロワーの皆様、出版に尽力をいただいたバレーフィールドの神藤様、ロギカ書房の橋詰様、応援し続けてくれた職場や友人の皆様には、感謝の気持ちでいっぱいです。本当にありがとうございました。

最後に読者の皆様に、この言葉を贈ります。

〝俺は長男だから我慢できたけど次男だったら我慢できなかった〟

『鬼滅の刃』3巻　第24話　162頁

この言葉は、炭治郎が激しい猛攻を凌ぎ続けているときの、心の声です。ずっと痛かったけれども、我慢してきたという主張ですね。

この言葉、名言でもあり迷言であると言われています。大正時代は、長男が長男だからという理由で頑張らなければならなかったのでしょう。しかし、最後の最後でこの言葉を紹介したのは「長男の皆さんは、頑張らないとだめですよ」と言いたいわけではありません。この言葉は、別に長男でなくてもいいですし、次男でも三女でもおじいちゃんでも孫でも構いません。大事なのは「頑張る理由を自分に作ること」なのです。

鬼殺隊の柱も、それぞれ、自分がやらなければならないという理由をもって、柱になっています。リーダーとは、そういう存在なのです。

もしあなたがプロジェクトのリーダーを任されたのでしたら、このように自分を鼓舞して、メンバーを幸せにするために頑張ってください。そしてリーダーになる予定の方は、自分自身を奮い立たせる言葉を用意しておきましょう。それは、いつか絶対に役に立ちます。

生死を賭ける戦いの世界に生きていなくても、私達の人生は物語です。『鬼滅の刃』のエピローグでは以下のように記されています。

〃人の人生は物語だから　人の数だけ物語があったんだ〃
〃その人だけのその人しか知らない物語が〃

『鬼滅の刃』23巻　第205話　195〜196頁

私達は、仕事でも部活でも、チームで目標に向かうとき、沢山の個性豊かなメンバーとともに過ごしていきます。リーダーは、メンバー一人ひとりが物語の主人公であることを意識する必要があります。

〝たくさんの強い想いが大きな大きな刃となり　敵を討った〟
〝誰一人欠けても勝てなかった〟

『鬼滅の刃』23巻　第205話　227〜228頁

リーダーがメンバーのやる気に火をつけ、強い想いを持てば、チームは、一人では絶対になしえない大きな目標を達成することができるのです。それが組織の力であり、リーダーが果たすべき役割です。リーダーは裏方であり、花形でもあると我々は思います。

自分とメンバー、一人ひとりの物語をハッピーエンドにするために、リーダーシップを今こそ発揮してください。この本がその一助になることを切に願っています。

矢崎　誠一
高橋　謙一
盛澤　陽一郎

矢﨑 誠一

税理士法人矢崎会計事務所 代表税理士／公認会計士／経営心理士

東京都練馬区出身。立教大学法学部卒。

有限責任監査法人トーマツにて1兆円規模の大企業から中小企業の会計監査業務を経験。その後、祖父が立ち上げた会計事務所に入所し、2013年に税理士法人を設立し、3代目経営者に就任。8年で12名から30名規模の事務所に拡大。

法人顧問250件以上、個人確定申告年間350件以上、各種セミナー登壇70回以上。

スタートアップ企業のワンストップ支援、資金調達、DX（クラウド）化支援、相続税、税務調査対策に強い。

経営者の学びの場「Yジクラブ」を運営。

高橋 謙一

社会保険労務士法人労務サービス 代表社会保険労務士

埼玉県出身。明治大学法学部卒。

東京池袋にて社会保険労務士事務所を経営。労務顧問として中小企業の労働法に関するアドバイスや手続きのサポートを行っている。

また、クラウドシステムで会社の労務事務・労務管理をいっぺんに効率化する「一気通貫労務®」のサービスに定評がある。

盛澤 陽一郎

ビーン合同会社 代表社員／ビーンコンサルティング 代表／
ビーン行政書士事務所 代表
中小企業診断士／行政書士

東京都江東区出身。早稲田大学商学部卒。

公的機関勤務後、経営コンサルタントとして独立。中小企業の事業計画策定を基本として、採用から育成、定着などの人事面、補助金や融資による資金面からの支援を中心に行っている。

商工会議所など公的機関でのセミナー、相談実績多数。

鬼滅の刃から学べ！
チームを幸せに導くリーダーのあり方

発行日　2022年12月31日
著　者　© 矢﨑 誠一・高橋 謙一・盛澤 陽一郎
発行者　橋詰 守
発行所　株式会社 ロギカ書房
〒101-0052
東京都千代田区神田小川町2丁目8番地
進盛ビル303
Tel 03（5244）5143
Fax 03（5244）5144
http://logicashobo.co.jp
印刷所　モリモト印刷株式会社
定価はカバーに表示してあります。
乱丁・落丁のものはお取り替え致します。
Printed in Japan
978-4-909090-88-1　C2034